中国工程院院级重大咨询项目资助
上海工程技术大学院士工作专项经费资助

中国制造业竞争力评价
基于经济福利视角

王 迪⊙著

清华大学出版社
北京

内容简介

本书论述了制造业竞争力评价应将"经济福利"要素纳入其中的必要性和内容机理，并基于经济福利视角，提供了一把科学且客观度量一国制造业竞争力水平的尺子（评价指标体系），拓展了制造业产业竞争力研究的广度和深度。

基于该评价指标体系，结合复杂面板数据，本书进行了模型构建、假设验证，提出了产业竞争力水平提升的现实路径，论证了我国提出"制造强国"战略的理论逻辑。

本书提供了制造业产业竞争力国别比较的新方法，可作为关注产业发展的政府管理者、产业界人士和高校经管类专业学生的参考用书。

本书封面贴有清华大学出版社防伪标签，无标签者不得销售。
版权所有，侵权必究。举报：010-62782989，beiqinquan@tup.tsinghua.edu.cn。

图书在版编目（CIP）数据

中国制造业竞争力评价：基于经济福利视角 / 王迪著 . —北京：清华大学出版社，2024.7
（清华汇智文库）
ISBN 978-7-302-64688-4

Ⅰ.①中⋯ Ⅱ.①王⋯ Ⅲ.①制造工业—竞争力—评价—研究—中国 Ⅳ.① F426.4

中国国家版本馆 CIP 数据核字（2023）第 183492 号

责任编辑：徐永杰
封面设计：汉风唐韵
责任校对：王荣静
责任印制：宋 林

出版发行：清华大学出版社
网　　址：https://www.tup.com.cn，https://www.wqxuetang.com
地　　址：北京清华大学学研大厦 A 座　　邮　编：100084
社 总 机：010-83470000　　邮　购：010-62786544
投稿与读者服务：010-62776969，c-service@tup.tsinghua.edu.cn
质量反馈：010-62772015，zhiliang@tup.tsinghua.edu.cn

印 装 者：大厂回族自治县彩虹印刷有限公司
经　　销：全国新华书店
开　　本：170mm×230mm　　印　张：12.5　　字　数：184 千字
版　　次：2024 年 8 月第 1 版　　印　次：2024 年 8 月第 1 次印刷
定　　价：128.00 元

产品编号：100475-01

前言

制造业（manufacturing industry）是涉及国民经济多个门类的一个复合产业群体，产业链条长、产品种类繁多，是国民经济的支柱产业和物质基础，是国家安全和人民幸福安康的重要保障，也是我国实现创新驱动发展战略的主战场，直接体现了一个国家的生产力水平。中国经过70多年的发展，成为全世界唯一拥有联合国产业分类当中全部工业（制造业）门类的国家，在世界500多种主要工业（制造业）产品中，有220多种产品中国的产量位居全球第一。根据世界银行的数据，2010年中国制造业总体规模（增加值）超过美国成为第一制造业大国，2022年中国制造业增加值占全世界的份额接近30%，并培育出了一批大型企业集团，实现了"制造大国"的目标。

德勤有限公司（Deloitte）（以下简称"德勤"）和美国竞争力委员会于2010年、2013年和2016年分别发布了《全球制造业竞争力指数》，中国均超过美国，是全球最具竞争力的制造业国家。世界经济论坛（WEF）、瑞士洛桑国际管理发展学院（International Institute for Management Development，IMD）、中国人民大学（Renmin University of China）等组织在对国家的总体评价中对中国制造业也有类似的推理结论。2021年，联合国工业发展组织（UNIDO）发布的2020年版"全球制造业竞争力指数"，中国以微弱劣势排在德国之后，名列第二。但另外，世界银行统计指标显示，我国制造业的劳动生产率约为美国的10%，单位制造业增加值能源消耗占全球水平的19.3%，出口产品质量召回事件每年均有发生。2017年以来的中美贸易摩擦，美国对包括中兴通讯股份有限公司（以下简称"中兴"）和华为技术有限公司（以下简称"华为"）

等我国高技术制造企业的钳制行为,对我国信息通信产业、产业安全和就业产生了深远影响,中美乃至全球的股市均大幅下跌,反映了世界对未来制造业和市场的悲观预期。

中国制造业产业竞争力全球名列前茅,在新的国际政治经济环境下,却为何如此"易受攻击"?尽管不少微观分析指出,中国在某些产业上存在短板现象,但应如何客观、冷静和全面地评估中国制造业产业的整体竞争力水平,目前的产业竞争力评价模型已不能解释新的现象,如何解释和修正已有的制造业竞争力评价,为政府决策和企业运营提供有效支撑,进而保障国家安全和产业安全,优化国内和跨国制造业企业的经营策略,是当前急迫的任务。

传统的基于国际贸易理论的产业竞争力研究,过度侧重比较优势和竞争优势理论的应用,通常在微观层面上,论证在国际贸易中,各竞争对手的实力及其在优胜劣汰的生存搏斗中的现实,各国产业的此消彼长,有限市场份额的激烈争夺,弱肉强食的策略效应等,产业竞争力理论的"色彩"是十分"冷峻"的。但制造业产业竞争力评价研究应考虑政府管理立场,注重产业对提高本国人民整体生活水平,服务和应用于社会与经济进步的作用。因此,有学者认为,产业竞争力评价应包含更强的福利经济分析乃至价值判断因素,以亚当·斯密(Adam Smith)为代表的富国裕民之古典政治经济学的理论可应用于新时期的产业竞争力研究,不仅要关注各经济体国家(或地区)如何促进国际分工、产业互补,更要注重本国(或地区)人民的人均收入和劳动生产率的提高、增进法律法制的完善、人才的可持续发展、环境得到更好的保护、减少服务型政府的经济腐败等社会福利的最大化。制造业对福利经济(不仅仅是对本国)的贡献应被纳入产业竞争力评价的指标体系中。

近年来,各主要工业化发达国家纷纷制定了促进本国制造业发展和提高竞争力水平的战略措施,如德国的《工业4.0战略实施建议》、美国的《国家先进制造战略规划》、英国的《英国工业2050战略》、日本的《日本制造业白皮书》(已经更新到2023年版)等,2015年5月,我国政府颁布了《中国制造2025》，这些政策措施中带有经济福利的成分，但从学术研究观察，总体上缺少理论论证和逻辑依据的支持。目前，国内和国外学术界很少有关于经济福利与制造业产业竞争力之间改善错位、协同发展的理论研究。

福利经济是涉及经济学、心理学、管理学和社会学等多学科的交叉概念，福利经济学起源于20世纪20年代，以阿瑟·塞西尔·庇古（Arthur Cecil Pigou, 1877—1959）1920年《福利经济学》一书的发表为标志，福利经济分析的基本原理，是研究经济活动对一国（或地区）人民生活福利的影响，说明如何能实现一国（或地区）人民短期和长期、直接和间接福利的增长与最大化。制造业产业竞争力的提高对于提高本国人民的整体福利水平具有极为重要的意义。有学者认为，一国（或地区）产业竞争力的提高，不必然使得别国（或地区）的民族产业失去生存和发展空间，进而使得该国（或地区）的福利受到根本性损害。产业竞争力的提高，可能推动（区域）经济朝着普惠、包容、平衡和共赢的方向发展。福利经济学视角下的产业竞争力理论与侧重零和博弈的传统产业竞争力理论存在较大差异。

基于上述背景，本书在梳理西方福利经济学理论和马克思主义经济福利思想及其新进展等成果的基础上，综述归纳了产业发展应重点关注的经济福利视角的具体内容，结合与迈克尔·波特钻石模型（Michael Porter Diamond Model）的一致性分析，本书提出了福利经济和制造业产业竞争力之间三个方面的支撑和替代要素：产业现状实力表征要素、产业发展潜力表征要素、产业环境优势表征要素。制造业产业实力为社会福利提供了现实基础，制造业产业的发展潜力为社会福利提供了未来保障，制造业产业环境优势与社会福利经济互相促进和成长。在此基础上提出了制造业产业竞争力水平反映机理模型的研究假设，本书提出了九个反映制造业产业竞争力的假设（维度指标）。

为了更好地对"制造业产业竞争力"这个概念（复合变量）进行测量，并验证理论假设，本书结合管理学专家马庆国教授提出和验证的基于构想效度（construct validity）的探索性因子分析法（exploratory factor analysis，EFA)，通过收集调查问卷和统计分析，来验证理论假设的正确性，收集辅助证据淘汰与假设相反的问卷问题，分别建立了"9-306制造业产业竞争力指标池""5-101制造业产业竞争力指标""4-21制造业产业竞争力指标"，三轮次问卷调查以及信度（reliability）、效度（validity）检验后，顺利通过统计检验，建立了"4-19制造业产业竞争力评价指标体系"，即净化后得到目标层含有4个维度指标和19个具体测量指标。

基于制造业产业竞争力评价指标体系，为了真实反映基于经济福利视角的国际比较，结合可获得的、权威机构的统计数据构造了复杂面板数据，即2012—2021年中国、美国、德国、日本、英国、法国、韩国、巴西和印度9个国家，包含4个维度指标共19个测量指标的10年连续统计数据，采用标准化的指数加权法和回归分析的数学模型进行综合评价，向我国制造业产业理论、产业运行和产业管理等方面57位专家发出定向调查问卷，采用李克特量表（Likert scale）进行权重量化，测量结果显示：2012年以来，中国制造业产业竞争力水平处于美国、德国和日本之后，位列第四位，排在英国、法国等其他国家之前，印度和巴西处在较弱地位。中国在产业规模上较其他国家有竞争优势，解释了对于具有庞大人口基数的国家，产业规模是具有优势竞争力的基础；在质量效益上，中国虽有小幅提高，但到目前为止，与美国、德国等工业化发达国家仍存在较大差距，处于较低的发展水平上，这一定程度上解释了中国产业战略提出制造业高质量发展的理论依据；研究结果显示，产业结构不合理是中美贸易摩擦中中国比较被动的根源之一，中国与美国、德国、日本在产业结构上差距明显，我国应注重基础研究、共性技术研发，而不应妄自菲薄；在可持续发展能力上，中国保持小幅上升，同美国、德国、日本相比也存在差距。根据4个维度指标和19个测量指标的分析，本书提出了若干针对中国制造业竞争力水平提升的政策建议和实现路径。

著者

2024年5月

目录

第1章 绪论……………………………………………………1
1.1 研究背景 ………………………………………………… 1
1.2 研究问题及意义 ………………………………………… 6
1.3 研究方法与章节安排 …………………………………… 9
1.4 主要创新点 ……………………………………………… 13

第2章 研究综述……………………………………………16
2.1 产业竞争力研究的理论基础 …………………………… 16
2.2 经济福利视角与制造业产业竞争力 …………………… 36
2.3 经济福利视角下制造业产业发展现状综述 …………… 48
2.4 本章小结 ………………………………………………… 64

第3章 制造业产业竞争力反映机理模型的构建与假设……67
3.1 制造业产业竞争力反映机理模型的理论背景 ………… 67
3.2 制造业产业竞争力反映机理模型 ……………………… 72
3.3 制造业产业竞争力反映机理模型的研究假设 ………… 73
3.4 反映机理模型与波特钻石模型的一致性分析 ………… 76
3.5 本章小结 ………………………………………………… 79

第4章 制造业产业竞争力评价指标体系的建构和假设验证……81
4.1 指标体系建构和验证的理论基础 ……………………… 81
4.2 变量定义及初级量表的建立 …………………………… 86

4.3 效度检查和量表净化 ……………………………………………… 87
    4.4 变量检验与构建效度 ……………………………………………… 107
    4.5 因子分析与指标体系的假设验证 ………………………………… 111
    4.6 本章小结 …………………………………………………………… 118

第5章 基于复杂面板数据的模型构建及测量 …………………… 119
    5.1 评价模型的理论基础 ……………………………………………… 119
    5.2 产业数据统计口径的可比性 ……………………………………… 121
    5.3 评价指标数据的收集和获取 ……………………………………… 125
    5.4 判断矩阵与权向量的计算 ………………………………………… 131
    5.5 综合评价的计算过程 ……………………………………………… 133
    5.6 本章小结 …………………………………………………………… 134

第6章 基于指标体系的制造业产业竞争力测量及政策意义 …… 135
    6.1 制造业产业竞争力指数总体情况 ………………………………… 135
    6.2 基于维度指标的中国产业竞争力分析 …………………………… 139
    6.3 政策建议 …………………………………………………………… 145
    6.4 本章小结 …………………………………………………………… 149

第7章 研究结论与研究展望 ………………………………………… 150
    7.1 研究结论 …………………………………………………………… 150
    7.2 研究展望 …………………………………………………………… 151

参考文献 ………………………………………………………………… 153

附录 ·· **162**
附录A　9-306 制造业产业竞争力指标池 ················· 162
附录B　5-101 制造业产业竞争力指标体系 ················ 174
附录C　4-21 制造业产业竞争力指标体系 ················· 178
附录D　指标系统专家打分表 ························· 179
附录E　李克特调查问卷 ··························· 181

后记 ·· **186**

第 1 章 绪 论

1.1 研究背景

近年来,据瑞士洛桑国际管理发展学院、德勤和世界经济论坛等多家研究机构发布的报告,中国国家及产业竞争力排名逐步提升甚至名列前茅,但特朗普政府上台以来的中美经贸摩擦,对中国某些制造业企业的高压钳制行为,以及一直存在的瓦森纳协定[①]等不平等的国际贸易关系,实际上给中国制造业产业链及市场预期带来重大的不利影响。因此,我国制造业在国际竞争中的鲁棒性如何,如何审视我国制造业产业竞争力的真实水平,如何评价、解释和修正已有的制造业竞争力评价体系,为政府决策和企业运营提供有效支撑,优化企业的经营策略,进而保障国家安全和产业安全,是制造业研究面临的急迫任务。

制造业是涉及国民经济多个门类、产业链条长、产品种类繁多的一个复合产业群体,是国民经济的支柱产业和物质基础,是国家安全和人民幸福安康的重要保障,是我国经济实现创新驱动、转型升级的主要战场,直

---

① 瓦森纳协定又称瓦森纳安排机制,全称为《关于常规武器与两用物品和技术出口控制的瓦森纳协定》(*The Wassenaar Arrangement on Export Controls for Conventional Arms and Dual-Use Good and Technologies*),目前包括美国、日本、英国、俄罗斯等 40 个成员。

接体现了一个国家的生产力水平。经过70多年的发展，中国成为全世界唯一拥有联合国产业分类当中全部工业（制造业）门类的国家，在世界500多种主要工业（制造业）产品当中，有220多种产品中国的产量位居全球第一。中国工业增加值从1952年的120亿元增加到2018年的30多万亿元①，按不变价计算增长约971倍，年均增长11%。根据世界银行数据，2010年中国制造业总体规模（增加值）超过美国，成为第一制造业大国，在19大类制造业行业中，中国有18个超过美国，中国制造业总产值是美国的2.58倍，在全世界的占比达到了35%（表1-1）。2021年，中国制造业增加值占全世界的份额接近30%②，并培育出了一批大型企业集团，实现了"制造大国"的目标，成为驱动全球工业增长的重要引擎。

德勤和美国竞争力委员会于2010年、2013年和2016年分别发布了《全球制造业竞争力指数》，中国均超过美国，是全球最具竞争力的制造业国家（图1-1）。世界经济论坛、瑞士洛桑国际管理发展学院、中国人民大学等组织在对国家的总体评价中对中国制造业也有类似的推理结论。2021年，联合国工业发展组织发布的2020年版"全球制造业竞争力指数"，中国以微弱劣势排在德国之后，排名第二。

另外，我国与工业化发达国家相比，多数产业尚未占据世界产业技术制高点，依然存在不小的差距。我国制造业发展依然没有摆脱高投入、高消耗、高排放的粗放式发展模式，能耗占全国的比重超过了70%，重点工业产品单位能耗与国际先进水平相比仍有较大差距③。总体上我国工业制造业依靠资源能源消耗和低成本要素投入的传统增长模式还没有结构上的变化。世界银行等组织关于我国制造业的统计指标显示，我国制造业的劳动生产率约为美国的10%，单位制造业增加值能源消耗占全球水平的

---

① 数据来源：国家统计局.中国统计年鉴—2019[M].北京：中国统计出版社，2019.

② 数据来源：新华社.规模实力进一步壮大！我国制造业增加值占全球比重提高至近30%[EB/OL].(2023-08-15)[2023-08-15].https://www.gov.cn/xinwen/2022-06/14/content_5695609.htm.

③ 数据来源：工业和信息化部，苏波：实施制造强国战略 促进工业健康发展，2015年1月29日.

表 1-1　中美 19 大类制造业行业总产值对比

产业门类	2017 年制造业总产值 / 亿美元		比值
	中国	美国	中国 / 美国（美国 =100）
木材加工及竹、藤、棕、草制造业	2 070	1 128	183.53
家具制造业	1 350	809	166.88
食品、饮料和烟草制品业	17 034	10 000	170.34
纺织业	5 644	601	939.03
纺织服装、服饰、皮革及其制品和制鞋业	5 438	432	1 258.90
造纸和纸制品业	2 275	1 903	119.55
印刷和记录媒介复制业	1 205	778	154.88
非金属矿物制品业	9 156	1 272	719.77
金属冶炼和压延加工业	18 284	2 357	775.75
金属制品业	5 532	4 025	137.45
通用和专用设备制造业	12 566	3 876	324.21
计算机、通信和其他电子设备制造业	15 775	4 230	372.94
电气机械和器材制造业	11 032	1 225	900.55
汽车制造业	12 791	7 013	182.39
铁路、船舶、航空航天和其他运输设备制造业	2 156	3 238	66.59
石油加工、炼焦和核燃料加工业	6 098	5 187	117.56
化工产品制造业	18 450	8 373	220.35
橡胶和塑料制品业	4 729	2 355	200.81
其他制造业	4 270	1 545	276.64
合计	155 855	60 347	258.27

注：①制造业总产值是以货币形式表现的制造业企业在一定时期内生产的制造业产品和提供服务的总和。制造业总产值减去中间投入即为制造业增加值。
　　②中国的数据为规模以上制造业总产值，规模以下难以统计，如包含则更能呈现结论观点。
资料来源：中国国家统计局、美国商务部经济分析局。

19.3%，出口产品质量召回事件每年均有发生。2017 年以来的中美贸易摩擦，美国对我国中兴和华为等高技术制造企业的钳制行为，对我国信息通信产业、产业安全和就业产生了深远影响，中美乃至全球的股市均大幅下跌，反映了市场的悲观预期。

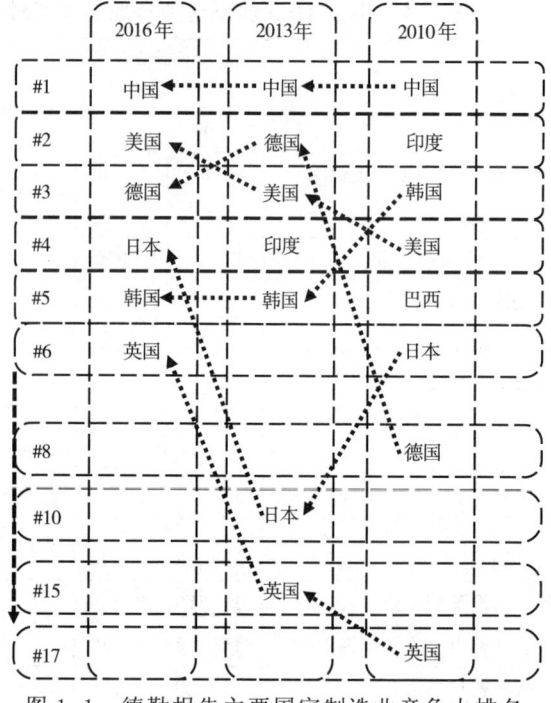

图 1-1 德勤报告主要国家制造业竞争力排名

2000年以来，特别是2001年中国加入WTO（世界贸易组织）以后，中国制造业规模化经济逐渐形成，开始迅速融入全球经济，进入新一轮的发展期，国际贸易额、出口顺差和外汇储备等重要贸易指标不断攀升。2008年美国次贷危机以来，我国能源消耗型、劳动密集型、环境污染型的制造业企业首先受到冲击。随着经济全球化发展的日益深化，制造业产业竞争日趋激烈，发展中国家整体上处于赶超阶段。同时，全球各国的制造业也面临国家贸易保护主义、单边主义的巨大挑战。特别是2017年特朗普政府上台以来，其冲撞国际贸易体系，表现出美国优先、保护主义、单边主义和极端反全球化的色彩；2019年初，日本政府也基于政治和经济方面的判断，对韩国实施集成电路配件出口限制，利用切断全球产业链分工的方式打击韩国在通信制造业方面的发展优势。

中国制造业产业竞争力全球名列前茅，在新的国际政治经济环境下，却为何如此"易受攻击"？尽管不少微观分析指出中国在某些产业上存在短板现象，但应如何客观、冷静和全面地看待中国制造业产业的整体竞争力水平？目前已有的产业竞争力评价模型已不能解释新的现象，如何解释和修正已有的制造业竞争力评价，为政府决策和企业运营提供有效支撑，进而保障国家安全和产业安全，优化国内和跨国制造业企业的经营策略，是急迫的任务。

现有的产业竞争力评价模型和测量不能反映现实问题，主要是基于产业竞争力的概念和内涵尚未界定清晰。当今产业竞争力理论学派分立、观点和争议较多，而且大多数理论的提出主要是基于发达国家产业发展的现实，而对发展中国家如何形成产业竞争力解释能力不强或存在路径不清晰的缺憾。传统的基于国际贸易理论的产业竞争力研究，过度侧重比较优势和竞争优势理论的应用，通常在微观层面上，论证在国际贸易中，各竞争对手的实力及其在优胜劣汰的生存搏斗中的现实，各国产业的此消彼长，有限市场份额的激烈争夺，弱肉强食的策略效应等，产业竞争力理论的"色彩"是十分"冷峻"的。但制造业产业竞争力评价研究应考虑政府管理立场，注重产业对提高本国人民整体生活水平，服务和应用于社会和经济进步的作用。因此，有学者认为，产业竞争力评价应包含更强的福利经济分析乃至价值判断因素，以亚当·斯密为代表的富国裕民之古典政治经济学的理论可应用于新时期的产业竞争力研究，不仅要关注各经济体国家（或地区）如何促进国际分工、产业互补，更要注重本国（或地区）人民的人均收入和劳动生产率的提高、增进法律法制的完善、人才的可持续发展和社会价值、环境得到更好的保护、减少服务型政府的经济腐败等社会福利的最大化。制造业对经济福利（不仅仅是对本国）的贡献应被纳入产业竞争力评价的指标体系中。

近年来，各主要工业化发达国家纷纷制定了促进本国制造业发展和提高竞争力水平的战略措施，如德国的《工业4.0战略实施建议》，美国的《国家先进制造战略规划》，英国的《英国工业2050战略》，日本的《日本制造业白皮书》（已经更新到2022年版）等，2015年5月，我国政府颁布了《中国制造2025》，这些政策措施中明显带有经济福利的成分,但从学术研究观察,总体上缺少理论论证和逻辑依据的支持。国内和国外学术界很少有关于经济福利与制造业产业竞争力之间改善错位、协同发展的理论研究。

1.2 研究问题及意义

本书拟从经济福利视角对制造业产业竞争力进行评价和测量研究,尝试对上述现象在理论上进行解释和修正,构建制造业产业竞争力测量和评价体系,从社会经济福利的角度探寻制造业发展的作用机理,对支撑产业部门决策、助推制造业转型升级具有一定的理论指导意义和实践价值。

1.2.1 研究问题

从经济福利的视角来看,经济福利的提升与制造业产业竞争力水平存在相辅相成的关系,一个经济体的经济福利越高、越完善,其产业竞争力水平越高;反之亦然。前述研究已表明,目前学者进行的产业竞争力研究基于贸易优势和竞争理论,侧重于零和博弈,其矛盾凸显已反映在政府管理领域和产业决策中。目前在学术界,基于经济福利视角的产业竞争力研究成果很少,使用CNKI(中国知网)检索关键字"福利经济""产业竞争力"等反馈结果极少,这也从侧面体现了学术研究领域支撑不足的现实状况。本书拟研究的内容如下。

1. 经济福利与制造业产业竞争力之间的反映关系

通过对传统产业竞争力的综述分析,对经济福利视角本身的理论综述,对经济福利视角与目前产业竞争力研究的离意和冲突探析,本书重点研究经济福利与产业竞争力之间的反映关系,尝试对目前制造业评价和经济现象在理论上进行解释和修正,并以此为基础构建制造业产业竞争力的评价指标体系来开展研究,进而从产业驱动、服务经济福利的角度,进行国家对比,研究我国和对标国家制造业产业竞争力水平,找到提高我国制造业产业鲁棒性的决策建议。

2. 构建基于经济福利视角的制造业产业竞争力评价指标体系

本书将通过制造业产业竞争力水平反映机理模型的构建与研究假设，进行多次问卷调查（questionnaire survey），对"制造业产业竞争力"这个概念（复合变量）进行测量，并验证理论假设。本书结合管理学专家马庆国教授验证过的基于构想效度的探索性因子分析法进行检验，通过收集调查问卷和统计分析（statistical analysis），验证理论假设的正确性，收集辅助证据淘汰与假设相反的问卷问题，分别建立了"9-306 制造业产业竞争力指标池""5-101 制造业产业竞争力指标""4-21 制造业产业竞争力指标"，三轮次问卷调查以及信度、效度检验后，并经过统计检验，建立了"4-19 制造业产业竞争力评价指标体系"，即净化后得到目标层 4 个维度指标和 19 个测量指标。

3. 构建制造业产业竞争力评价模型和面板数据

通过建构的制造业产业竞争力评价指标体系，本书为了真实反映基于经济福利视角的国际比较，结合可获得的、权威机构的经济统计数据构造了复杂面板数据，即 2012—2021 中国、美国、德国、日本、英国、法国、韩国、巴西和印度 9 个国家，包含 4 个维度指标和 19 个制造业测量指标的 10 年连续统计数据，采用容易量化和标准化的指数加权法对回归分析数学模型进行综合评价测量。本书向我国制造业产业理论、产业运行和产业管理等方面 57 位专家定向发出调查问卷，采用李克特量表进行权向量的计算。

4. 实证研究初步回答基于福利视角的中国制造业竞争力的鲁棒性和提升路径

本书通过定量的计算和测量，结果显示：2012 年来，中国制造业产业竞争力水平处于美国、德国和日本之后，位列第四位，排在英国、法国和韩国等其他国家之前，作为金砖五国（BRICS）的对照，印度和巴西处在制造业产业竞争力较弱的地位。中国在产业规模上较其他国家有竞争优势，本书解释了对于具有庞大人口基数的国家，制造业产业规模是具有优势竞争力的基础；在制造业整体质量效益上，中国虽有小幅度的提升，但到目前为止，与美国、德国等工业化发达国家仍存在较大差距，处于较低的发展水平上，这一定程度上解释了中国提出制造业高质量发展的产业战略之理论意义；制造业产业结构不合理是中美贸易摩擦中国比较被动的根源之一，研究结果显示，中国与美国、德国和日本在产业结构上差距相当明显，我国应注重基础研究、共性技术的研发，我国制造业产业从业人员不应妄自菲薄；在制造业的可持续发展能力上，中国保持小幅上升的状态，较前述测量维度，同美国、德国、日本相比依然存在差距。根据4个维度指标和19个具体测量指标的分析，本书对我国制造业产业和产业决策部门提出了政策建议。

本书研究的问题主要归结如下。

（1）经济福利与制造业产业竞争力之间有怎样的反映关系？研究产业竞争力的经济福利视角是什么？其包括哪些内容？

（2）如何构建基于经济福利视角的制造业产业竞争力评价指标体系？指标体系的构建过程是怎样的？构建中的科学方法包括哪些？

（3）作为提出政策建议的数据基础和理论依据，如何构建制造业产业竞争力评价模型？数据是如何获取的？如何针对复杂面板数据进行竞争力指数的计算？

（4）如何回答基于福利视角的中国制造业产业竞争力的鲁棒性和提升路径？基于实证数据和理论研究提出政策建议。

1.2.2 研究意义

基于问卷调查和统计数据的统计分析方法，以及基于变量关系的构造来拟合对象演变规律等研究方法，本书对制造业产业竞争力评价进行研究，希望基于新的视角进行一些理论概括和分析，进而提出具有确定内涵的制造业经济理念和发展方式的政策建议。

实践意义："制造业产业竞争力"研究是宏观经济学研究的范畴，研究产业的总体经济行为，基于经济福利视角的制造业产业竞争力的提高已经成为实现产业和国家安全的有效保证。在实践上，本书的研究有助于为制造业产业界、运营界、管理界（政府决策部门等）引导产业发展方向提供智力支撑，有利于企业家把握本地域资源禀赋（resource endowment）进行合理的投资和资源的合理利用，有利于一国或地区对制造业产业的可持续发展能力进行总体评价和判断。

经济福利视角下的制造业产业竞争力水平，中国除了在规模上初步满足人口大国的需求而有绝对优势以外，在制造业质量效益、产业结构、可持续发展能力上均与美国等工业化发达国家有较大的差距。在此基础上分析，中国的高端制造业、高技术制造产业、重点装备制造业、基础产业（元器件、原材料）、品牌优势、人力资源、环境保护等均有相当的改进和提升空间，应在国内经济发展和国际贸易中时刻清楚了解这些现实。

理论意义：本书通过深入研究，将制造业产业竞争力这个概念形成可测量的变量，从福利经济学理论视角与制造业产业竞争力理论出发，提出了"产业规模＋质量效益＋产业结构＋可持续发展能力"的制造业产业竞争力的一般理论内涵，并探寻可追踪的时间序列数据进行测量。建立了评价指标体系和评价模型，为制造业产业竞争力的相关研究提供了新的参考，引入新的视角和新的理论支撑点，在理论上对解读中国制造业产业竞争力增长与福利改善错位问题具有一定的助益。

1.3 研究方法与章节安排

1.3.1 研究方法

本书试图采用产业发展与经济福利之间互相促进的反映关系，从产业实力、产业发展潜力、产业发展所处的环境三个替代要素入手，分析和探索"基于经济福利视角的制造业产业竞争力"的复杂变量、维度指标和具体测量指标，采用经济计量学进行评价指标的构建、验证和度量研究，即"变量－推演－数据实证"的管理科学研究方法。在具体的研究过程中，为解答研究提出的相关问题，具体方法如下。

（1）文献研究（documentary research）。针对产业竞争力和经济福利的相关理论，本书广泛查阅国内外的文献和资料，并通过深入研究已有的理论方法，梳理国内外针对产业竞争力评价、指标体系、影响因素等相关主题的文献，总结并厘清本书研究的理论基础，该方法主要用于本书第 2 章和第 3 章。

（2）田野调查（field work）。该方法属于人类学和传播学范畴的基本研究方法，不同于简单的工作调研，是一种贴近实地，进行现场研究和调查的方法。田野调查法是研究之前或过程中，通过与资料提供者或受访者深度访谈，获得第一手的相关数据和原始材料。本书通过田野调查法构建了用于收集数据的初始调查问卷，结合文献研究法建立了经济福利视角下的制造业产业竞争力反映机理模型，为本书后续篇章评价指标体系的建立提供了方法论上的支撑，该研究方法主要用于本书第 3 章。

（3）问卷调查。调查问卷是管理学科调查收集一手材料数据最重要的工具之一，问卷是由测量变量的问题或者量表构成的。针对书中提出的经济福利视角下制造业产业竞争力的反映机理模型和评价指标体系的构建需要，本书设计了调查问卷，在确保调查问卷可靠性和科学性的同时，经过多轮次的调查（小规模调查修正、大规模表面效度调查和专业领域专家调查），收集我国制造业产业管理、产业研究和产业政策方面专家调研的数据，顺利构建了 4 个维度指标和 19 个测量指标的制造业产业竞争力评价指标体系，确定权向量和回归模型，最后进行实证度量并提出政策建议。该研究方法主要用于本书的第 4 章、第 5 章。

（4）统计分析。本书构建了制造业产业竞争力评价的指标体系、计算模型，通过权威数据库获得的数据，定量计算基于经济福利视角的中国与其他主要工业化国家制造业产业的竞争力水平，并进行实证分析。本书运用构想效度、效度检验、因子分析等多种统计分析方法。运用探索性因子分析法借助 SPSS 16.0 版统计软件进行数据分析，这种研究方法主要用于本书第 4 章。

（5）层次分析（analytic hierarchy process，AHP）。其来源于运筹学理论的决策方法，对与决策目标相关的元素进行分解，构成准则层、方案层和目标层等,然后结合定性和定量分析进行研究。本书通过对层次分析法的改进,建立判断矩阵量表,定向发出专家问卷,利用决策分析方法确定权向量,为本书定量测量制造业产业竞争力提供了有力的支撑,这种研究方法主要用于本书第 5 章。

1.3.2 章节安排

本书共分为 7 章,具体的章节结构安排如图 1-2 所示。

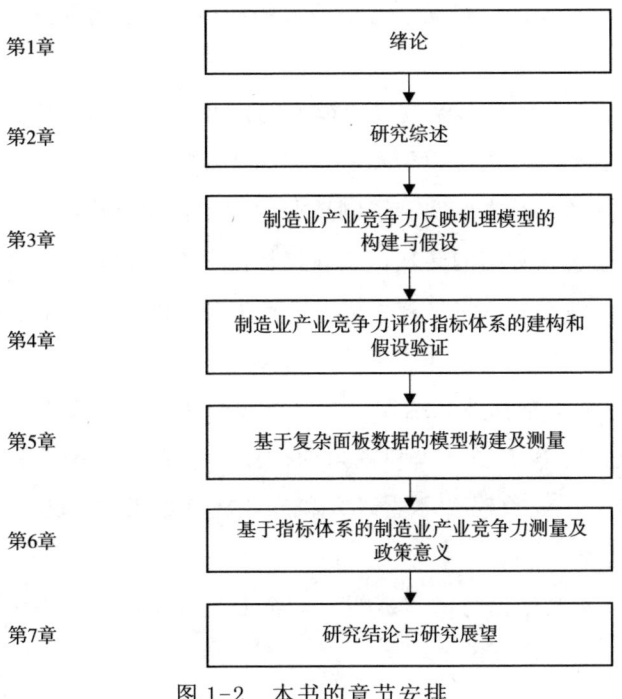

图 1-2 本书的章节安排

第 1 章 绪论。阐述了本书的研究背景,提出了拟研究问题、研究的理论意义和实践意义,研究的主要方法和方法创新,归纳了本书内容研究的三个创新点。

第 2 章 研究综述。对产业竞争力、产业竞争力评价国内外权威指标体系、经济福利视角的确定,经济福利与产业竞争的关系等内容,进行了系统的文献收集与文献研究。

第3章 制造业产业竞争力反映机理模型的构建与假设。本章对基于经济福利视角的制造业产业竞争力水平反映机理模型进行了探索性研究,并基于研究结果提出了相关研究假设。

第4章 制造业产业竞争力评价指标体系的建构和假设验证。本章从变量定义,初级量表的建立,问卷设计、发放与收集,效度检查与量表净化,构建效度并进行因子分析检验,数据的统计分析等方面,对第3章的研究假设进行了验证,建立了基于经济福利视角的制造业产业竞争力评价体系。

第5章 基于复杂面板数据的模型构建及测量。第3章提出了制造业产业竞争力水平反映机理模型和假设,第4章提出经过假设验证的产业竞争力评级指标体系,本章明确了制造业国别比较的统计口径,评价指标体系逻辑指标向统计数据的转换,统计指标的选取,构建了产业竞争力评价的数学模型,确定指标的权重,从而构建了多个国家基于4个维度指标19个测量指标,2012—2021年在时间线上延续10年的立体复杂面板数据。

第6章 基于指标体系的制造业产业竞争力测量及政策意义。结合前文研究成果,对基于经济福利视角的产业竞争力进行计算和分析,提出供我国制造业产业管理、产业研究和产业运营参考的制造业发展路径与政策建议。

第7章 研究结论与研究展望。对全书进行总结,并提出本书的研究展望。

1.3.3 技术路线

在具体的研究过程中,本书的主要基础路线如图1-3所示。

首先,通过对产业竞争力、产业竞争力评价国内外权威指标体系、经济福利与产业竞争力的关系等相关文献的收集、整理和分析,找到后续研究的理论基础。在此基础上,尝试在系统论(Systems Theory)的视

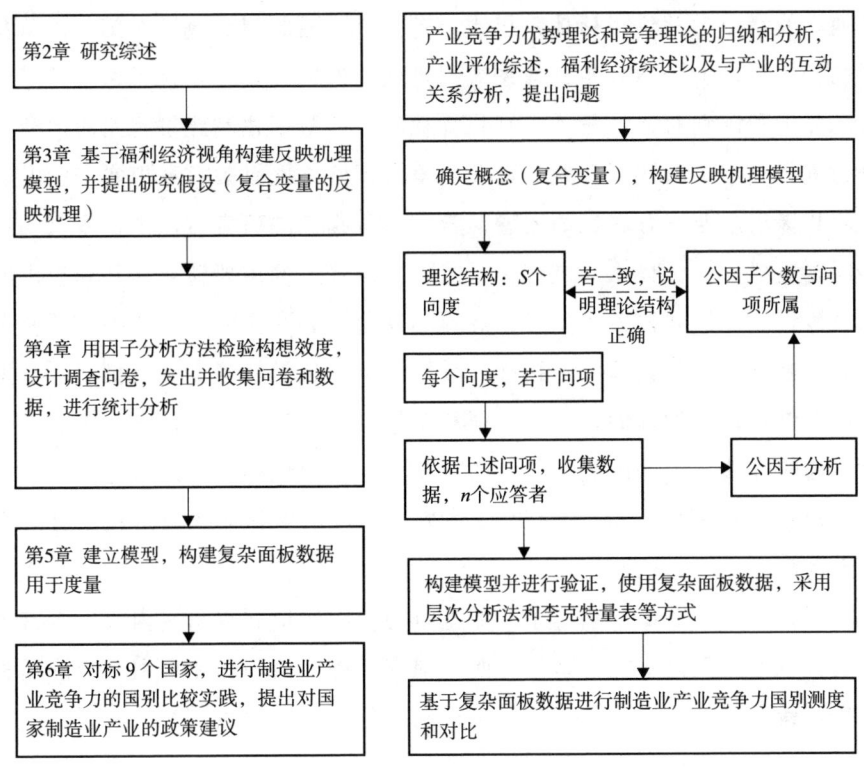

图 1-3 本书的主要基础路线

角下,构建基于经济福利视角的制造业产业竞争力水平反映机理模型,并以此为基础提出了相关研究假设。基于研究假设的验证结果,构建了制造业产业竞争力的评价指标体系。结合前述章节的研究结果,构建了产业竞争力的评价模型,并做了计量的必要准备,如统计数据及口径、数据的来源、权重等。最后综合前文研究结果,使用复杂面板数据进行了实证研究。

1.4 主要创新点

创新点一:基于特定视角(经济福利)研制了一把科学且客观度量制造业产业竞争力的尺子(scale,即指标体系)。这把尺子与业已存在的其他产业竞争力评价指标体系相比,有三个方面的明显改进:第一,从指标的整体特性上,本书指标体系数据可获得性较强、定量化且适合跨年度追踪分析和国别对比;第二,从指标视角上,基于福利经济视角对产业竞争力进行测量,解决了传统制造业竞争力评价不能有效解释现实产业发展窘境和提出产业提升路径的困惑;第三,从指标的研究方法上,本书的科学问题是建立指标体系的过程中不能有方法论上的重要遗漏,基于提出的研究假设,分析和探索"基于经济福利视角的制造业产业竞争力"的复杂变量、维度指标和具体测量指标,采用经济计量学从"变量-推演-数据实证"进行评价指标的构建、验证和度量研究。为了规避传统人工主观指标筛选的弊端,本书改进了单一的反映内部一致性的信度测量方法,采用Cronbach α系数(总体样本信度系数)和肯德尔和谐系数两相结合的方式来提高测量的稳定性。

创新点二:凝练和总结了产业竞争力的经济福利视角之内容,丰富了产业竞争力的理论研究。基于对西方福利经济理论和马克思主义经济福利思想及新进展的综述,归纳了经济福利视角的若干视点、与产业要素的对应关系,提出了福利经济和制造业产业竞争力之间三个方面的反映机理与互相表征要素,即产业现状实力表征要素、产业发展潜力表征要素、产业环境优势表征要素。制造业产业实力为社会福利提供了现实基础,制造业产业的发展潜力为社会福利提供了未来保障,制造业产业环境优势与社会福利经济互相促进和成长。与波特钻石理论模型进行一致性分析后,提出了制造业产业竞争力水平反映机理模型的研究假设和替代要素,并基于统计验证建立了制造业产业竞争力评价指标体系。基于新的视角,在两个方面丰富了制造业产业竞争力的理论研究:第一,基于经济福利视角的产业竞争研究,关注了反映经济质量的因素,如产业运行效益和效率、产业的结构布局等,规避了传统产业竞争只注重国别之间产业经营效果的弊端;第二,经济福利在不同的所有制下有不同的价值判断,在产业可持续发展上,引入非零和博弈的竞合理论,即产业发展需要积极关注本国资源、环保、能源消耗的改进,同时不必然牺牲别国利益而获得竞争优势,这些是传统产业竞争力研究较少关注的。

创新点三：正确使用本书的指标体系测量若干国家制造业产业竞争力水平并提出政策建议和发展路径。为了更好地进行基于经济福利视角制造业产业竞争力的国际比较，本书基于层次分析法构建了回归分析评价模型，提出了利用统计平均法综合制造业针对性领域专家（产业研究、产业管理、产业运营）对产业竞争力进行判断的方式，基于测量要素较多的实际情况，通过设计调查问卷改进了判断矩阵的构建规则，提高了计算过程的效率。结合复杂面板数据，即2012—2021年中国、美国、德国、日本、英国、法国、韩国、巴西和印度9个国家，包含4个维度指标共19个制造业测量指标的10年时间连续数据，测量结果和分析结论在理论上支撑了国家战略的提出并为此提供了逻辑依据。

第 2 章 研究综述

本章通过对产业竞争力研究的综评,国际权威机构指标体系等内容的文献收集和文献研究,对产业竞争力研究和产业竞争力评价的现状进行系统的总结,通过时间线和理论出现的时代背景梳理产业竞争力理论的演化,解决和待解决的问题,新出现的理论和动态,为后续研究提供理论层面的支撑。

2.1 产业竞争力研究的理论基础

2.1.1 产业竞争力的概念与内涵

随着世界各国经济全球化的不断深入发展,产业竞争力(industrial competitiveness)成为各国政府、产业界和学术界广泛提及的概念,但长时间以来,并未出现一个能够被普遍接受的定义。

竞争力是一个比较的概念。汪应洛从竞争的主体、不同的利益、竞争场所和竞争目标这四个主要元素对竞争进行了定义,认为竞争是两个或两个以上的个人或集团,为了自身的利益,在一定的范围内,夺取他们所共同需要的对象而展开的较量。在这个较量过程中,竞争产生的根源是出于各自的利益而共同追逐对象的稀缺性(如资源和需求的有限性)。竞争力则是这种较量过程中体现的能力,竞争的成败是两种必然的结果,是零和的，但并没有进一步阐述提升竞争力过程中，除了比较以外，能力提升对经济体"自我"提升的意义。郎涌真、王日芬、朱晓峰等提出了一种"简单"且"逻辑清楚"的研究竞争力概念的思路，认为竞争力是一个复杂的概念，也是一个综合系统，因此在研究过程中以竞争力所描述的对象为切入点，研究涉及多重的经济关系，如国与国之间，地区与地区之间，经济主体与经济主体之间。根据竞争主体的层次，相应地就出现了国家竞争力、产业竞争力、企业竞争力等不同的研究对象，按照不同竞争主体在不同的竞争场所展开竞争时体现出的竞争能力，则可以将其划分为国际竞争力、地区竞争力、城市竞争力等概念。攀钢对竞争力进行了产业领域的微观研究，在全球化时代商品贸易背景下，结合生产要素流动理论，提出了狭义的竞争力的概念，认为"竞争力"指的是一国商品在国际市场上所处的地位。质量相同而价格较便宜的产品，在市场上更具有竞争力，而只有较低成本的产品才可能有较低的价格。因此他归纳为竞争力的概念最终可理解为"成本"概念，即如何能以较低的成本提供同等质量的产品。

迈克尔·E.波特（Michael E.Porter）认为："产业国际竞争力是在国际自由贸易条件下（在排除贸易壁垒因素的假设条件下），一国特定产业以其相对他国更高的生产力向国际市场提供符合消费者（包括生产性消费）或购买者需要的更多的产品，并持续获得盈利的能力。"他还认为，一国国际竞争力的主体是产业，竞争的对象是生产效率，竞争的结果是不断增强的获利能力。

陶良虎、张道金等认为，产业竞争力是指某国或某一地区的特定产业相对他国或地区同一产业在生产效率、满足市场需求、持续获利等方面所体现的竞争能力。对产业的比较，通常从两个方面来进行，即产业内容和产业范围。前者比较的结果即体现为产业竞争优势，在经济活动中最终表现为具体的产品、企业整体优势以及产业的市场变现能力。在这个意义上，产业竞争力的本质是产业生产力的比较优势，即在国际自由贸易条件[①]下，

---

① 或排除了贸易壁垒因素的假设条件。

一国（或地区）特定产业能够以相对于他国（或地区）更高的生产力、更有效的方式向国际市场持续生产或提供给消费者更多的，并由此能够持续获得一定经济收益的盈利能力。而产业范围的比较则经常体现为国家和区域的比较概念，魏后凯等认为，国家或区域的产业竞争力比较，应突出研究和重点分析影响区域经济发展的多种因素，与产业经济学的多个理论进行互相印证，如产业集聚理论、产业转移理论、区位优势理论等。

国外有学者认为，在市场经济和产业经营活动中，有两个关键环节尤为重要，即生产效率和市场营销，产业的国际竞争力（包括市场占有份额、产品美誉度、品牌溢价等）最终会通过这两者来衡量和检验。在工业社会中，追求经济效率，以尽可能少的投入生产尽可能多的产出是人类活动的"中轴原理"（axial principle），是社会的核心规则，因此，产业竞争力归根结底就是各国同一产业或同类企业之间相互比较的生产力。世界经济论坛（1985）在其《关于竞争力的报告》中指出，产业国际竞争力是企业主目前和未来在各自的环境中以比他们国内和国外的竞争者更有吸引力的价格和质量来进行设计生产并销售货物以及提供服务的能力和机会。1994年，世界经济论坛在其《国际竞争力报告》中又将产业竞争力明确定义为"一国或一公司在世界市场上均衡地生产出比其竞争对手更多财富的能力"。美国《关于工业竞争力的总统委员会报告》认为，"国际竞争力是在自由良好的市场条件下，能够在国际市场上提供好的产品、好的服务同时又提高本国人民生活水平的能力"。

中国社会科学院工业经济研究所"我国工业品国际竞争力比较研究"课题组认为，产业竞争力是"在国际自由贸易条件下（或在排除了贸易壁垒因素的假设条件下），一国某特定产业的产出品所具有的开拓市场、占据市场并以此获得利润的能力"，并指出："就国际竞争而言，产业竞争力的核心内涵就是比较生产力，国际竞争的实质就是比较生产力的竞争。"杨燕青等将产业竞争力定义为生产单位价值产品所需要付出的成本，其成本越低，竞争力就越强。如果将成本区分为资本和劳动力，相对于全球资本更为透明、趋同，劳动力成本更难被度量且对产业竞争力的影响更加重要,他们通过测算全球主要制造业国家主要制造业行业生产每个单位实际增加值所需要支付的名义劳动成本,也就是单位劳动力成本(ULC)来揭示全球制造业竞争力格局的变化。同时,为了全面反映国际竞争力的变化,他们还考虑了本币的实际购买力,即对实际增加值做"生产成本法购买力平价(PPP)"的调整。认为单位劳动力成本越低,代表一个经济体或一个产业越具竞争力。

中国工程院制造业研究课题组认为,在经济全球化背景下,基于资源禀赋或产业策略和政策,一国(或地区)通常是发展某些产业并具有较强的国际竞争力,而另一些产业则国际竞争力较弱。同时,具有国际竞争力的产业通常只存在于几个国家(或地区),这是促进国际贸易、生产要素流动和经济全球化扩展理论的实践根源,而聚焦本国(或地区)产业经济发展,有意义的产业竞争力概念则是指国家(或地区)的生产力,将产业竞争力初步定义为促进本国(或地区)人民生活水平的提高和各产业的融合发展,这种观点可以追溯到产业发展以斯密为代表的富国裕民之古典政治经济学的目标追求,即提高产业竞争力,主要追求全社会的福利最大化。

总之,无论是国际贸易理论还是国际竞争力理论,它们最终都可以归于一般福利经济分析的基本原理:研究经济活动对一国人民生活福利的影响,都要说明如何能实现一国人民短期福利和长期福利的增长与最大化。实际上,产业国际竞争力研究之所以受到重视,重要原因之一是人们认识到,对于一国(或地区)整体福利水平的提高,优越的产业国际竞争力起到极为重要的作用。我国著名经济学者金碚认为,如果忽视本国产业的国际竞争力提升,而使本国的民族产业或支柱产业失去生存和发展空间,就不可避免地使本国人民的福利受到根本性损害。

2.1.2 产业竞争力研究的渊源和理论解释

国家(或地区)层面的竞争力研究为宏观层次,企业层次通常为微观的竞争力研究,以产业为主体的产业竞争力属于中观层次,是企业竞争力整体实力的体现,是国家竞争力的具体表现,是一国(或地区)在国际竞争中能否取得优势地位的关键所在。产业竞争力是产业经济学重点关注和研究的领域之一,产业经济学演化出了多个学科分支,如产业结构理论、产业效率理论、产业集群理论、产业融合发展理论等,各分支通常基于产业要素、结构、功能、性质和发展规律等方面对产业竞争力进行了相关解释和若干论述。

1. 比较优势理论

英国经济学家、经济学的主要创立者斯密强调自由市场、自由贸易以及劳动分工,其绝对优势理论认为,一国相对于别国在某种商品生产上具有生产效率的绝对优势,则参与国家交换就有利可图,基于此,生产效率的绝对优势理论成为后代经济学者进行国家(或地区)间产业国际竞争力比较研究的基础和核心。大卫·李嘉图(David Ricardo)[①]的产业比较优势理论认为,在国际贸易中,比较优势主要体现为商品价格,产品价格差异(或相对价格差异)是国际贸易取得竞争力的基础。一国(或地区)产业政策应专注于鼓励和引导高生产率的产品生产,企业主应提高生产效率,以尽可能少的投入生产出尽可能多且高质量的产品,与低生产率领域的国家(或地区)进行商品贸易,从而取得产业国际竞争力优势。他辩证地认为,即便产业在生产效率上不具有绝对优势地位,也是有可能参与国际贸易和竞争的,反之亦然,即使所有产业都具有绝对优势,也未必都参与国际竞争,应该是"两利相较取其重,两害相较取其轻"。瑞典经济学家、新古典贸易理论创立者赫克歇尔(Heckscher)和其学生瑞典经济学家、1977年诺贝尔经济学奖获得者贝蒂·俄林(Bertil Ohlin)共同提出了要素禀赋(factor endowment)学说[②],分析了传统比较优势理论的不足,并进行了补充,该学说从国别要素禀赋存在差异的现实入手,提出国别要素禀赋差异是产业竞争力比较优势的起源。一国(或地区)如果发展并大量投入本国(或地区)最具有资源禀赋要素的产业,该产业则是最具

---

① 大卫·李嘉图,英国古典政治经济学的主要代表之一。
② 即赫克歇尔-俄林定理(H-O理论)。

有竞争力的，因此国家（或地区）之间要素禀赋的不同不仅决定产业竞争力的相对强弱，还指引国际贸易的流动方向。

2. 要素流动和新贸易理论

经济学者认为，比较优势理论可以从静态和动态进行总体分析，而传统比较优势理论属于前者，其缺点是无法解释社会进步和技术革新、技术差距、产品生命周期理论以及外贸优势转移等新的经济情景，特别是20世纪60年代以来，工业发达国家之间进行了产业的水平分工，产业链条分布在不同的地域、经济体和国家，新贸易理论诞生并从动态角度对产业竞争力进行了解释。1961年，美国学者迈克尔·V.波斯纳（Michael V. Posner）在《国际贸易与技术变化》中提出了国际贸易的技术差距模型，对要素禀赋学说（赫克歇尔－俄林的H-O理论模型）进行了动态扩展，他认为技术是一种生产要素，随着实际的科技水准的进步和提高，在各个国家就出现了技术差距，并因马太效应这种技术的鸿沟扩大了，这种差距可以使技术领先的国家具有产业竞争上的比较优势，特别是针对技术密集型企业和产品，在国际贸易中具有无可比拟的优势。随着人才流动和技术扩散，这种差距将逐渐缩小，出口技术密集型的贸易也将会逐步微弱。

产品和产业生命周期（product and industry life cycle）理论也对产业竞争力研究有一定的贡献。作为生物学概念的生命周期理论引入管理学和经济学中，并应用于产品和产业研究，源于1966年美国哈佛大学教授雷蒙德·弗农（Raymond Vernon）在其《产品周期中的国际投资与国际贸易》中的产品生命周期理论。该理论视产品和产业是具有生命力的有机体，因此会经历投入、成长、成熟、衰亡的过程，产品和产业的生命周期是指特定国家（或地区）的市场对特定产品和产业的需求随着时间的变化而发生变化的规律。产品生命不是指产品的物理寿命，通常是指市场上的营销生命。在国际贸易过程中，国家（或地区）发展阶段不同，各个国家（或地区）的技术积累和水平不同，因此相同或类似的产品在不同的国家（或地区）呈现出不同的产生阶段，体现出不同的发展过程。物理时空不同，产品和产业体现的利润率与市场阶段也不尽相同，生命周期理论拉大与巩固了不同国家（或地区）在产业技术上的差距和竞争优势地位，该理论侧重从技术创新、技术进步和技术传播的角度来分析国际贸易产生的基础，将国际贸易中的比较利益动态化。

20世纪80年代以来，中国作为发展中国家逐步介入国际产业分工中，由于分工的类型和经济发展阶段的不同，各个国家在要素上出现了一定的集聚，进而形成阶梯式的比较优势，如美国、德国和日本等发达国家在产业管理、高素质人才和科学技术的积累上，新兴工业化国家在产业政策、自然资源禀赋、信息流通和基础设施的配套上，以及发展中国家在税收政策、人口红利等优势上等。国内外学者基于此提出了产业竞争力转移理论，认为这种优势阶梯一直处于动态和连续的演化过程中，发达国家和新兴工业化国家率先发展各自的新兴产业，并将失去优势的产业向较低发展阶段的国家转移，而处于较低阶梯的发展中国家通过接受这种产业转移和出口导向战略，随着生产要素的积累，可能攀上较高阶梯。

总结新贸易理论对产业竞争力的研究，赵永亮、朱英杰认为，一国（或地区）的产业国际竞争力不是静止的，而是处在不断的发展和变化中。随着产品生命周期、技术周期的不断更迭，最开始并不具有比较优势的国家（或地区）极有可能逐渐获得比较优势。新贸易理论为发展中国家参与国际分工以及引导产业演进和经济发展提供了理论支持。

3. 内生比较优势理论

尽管新贸易理论认为一国（或地区）产业具有的产业国际竞争力是动态变化的，但这种竞争优势的获得，并不是"主动而为"，具有一定的"被动性"，内生比较优势理论解释了产业竞争的"主动性"问题。相较于外生比较优势，即天生的禀赋带来的比较优势，内生比较优势是指后天经过积极主动的努力而获得或形成的比较优势，即可以通过后天的专业化学习或技术创新、技术积累、经验积累人为地创造出来的优势，它强调的是比较优势的生产力特性和动态性。

1991年克拉克经济学奖和2008年诺贝尔经济学奖获得者、美国经济学家保罗·R.克鲁格曼（Paul R. Krugman）在20世纪80年代后期论述和奠定了内生比较优势理论，他从产业规模优势、专业化的分工、国家技术创新视角解释了产业竞争力的来源。他提出的规模优势理论认为，国家（或经济体）之间即使不存在要素禀赋差异，一国（或地区）通过专业化生产也可以获得规模报酬递增带来的规模优势。规模优势理论用于产业竞争研究时，郑小碧认为，在假定"规模经济"和"垄断竞争"两个前提条件下，任何国家（或地区）都不可能同时也没必要去涉足所有的产业门类并进行产品生产，国际分工是必然存在的。另外，无论出于何种原因，一国（或经济体）一旦出于规模经济目的形成专业化的生产，规模经济效应就会进入良性循环，获得规模报酬递增带来的好处。

区别于规模经济理论，澳大利亚华人经济学家杨小凯于2003年基于分工与交易成本理论从人力资本、专业化分工角度进一步说明了内生比较优势促进产业竞争力提高的由来。随着经济全球化浪潮在各个经济体和国家的推进，分工不断深化，各个经济体和国家因产业集聚、产业结构、产业融合的进一步发展，个人和企业的专业化程度不断获得积累，人力资本优势逐步形成，并与其他国家（或地区）相比，逐步产生递增性的报酬。杨小凯认为比较优势主要取决于分工的成本和国际贸易交易成本之间的利益权衡。在经济发展的初期，专业化程度较低，专业化分工的收益小于分工所带来的交易成本，因此比较优势较弱；反之亦然。随着经济发展和技术积累，专业化程度不断增加，产业工人对技术的掌控和使用越来越熟稔，分工所带来的收益将会超过交易成本，比较优势则显现。分工与交易成本理论认为，人力资本是内生比较优势和产业国际竞争力的来源之一。

国内外其他学者进一步丰富了内生比较优势理论对产业竞争力的解释，从技术创新、技术进步、知识外溢和人力资本等角度分析了产业国际竞争力不完全来自外在的比较优势，更多来自内生的比较优势。

4. 竞争优势理论

美国哈佛大学商学院著名战略管理学家波特于1990年首先提出"钻石模型"，从竞争优势角度来解释产业竞争力，波特认为不同于比较优势理论，竞争优势不是一国（或地区）外在的、天然存在的物质禀赋，而是一种良好的经营环境和配套支撑制度,以确保各要素投入高效地使用和升级换代。波特主要考察了美国、德国和日本等工业化发达国家的多个产业,他认为产业竞争力由"生产要素""市场需求""相关与支持性产业"和"企业策略、企业结构和同业竞争"四个主要因素组成,作为产业竞争力所依托的外部因素,"政府"和"机遇"同样起着重要的辅助作用(图 2-1)。其中,波特钻石模型的支柱框架由前四个主要因素组成,它们彼此互为支撑、互相影响,构成了一个有机整体,共同决定产业竞争力水平的高低。"钻石模型"提出以来,其构筑的全新产业竞争力研究体系,阐述了竞争优势理论,大大超出了原有的比较优势原理所能解释的范围。

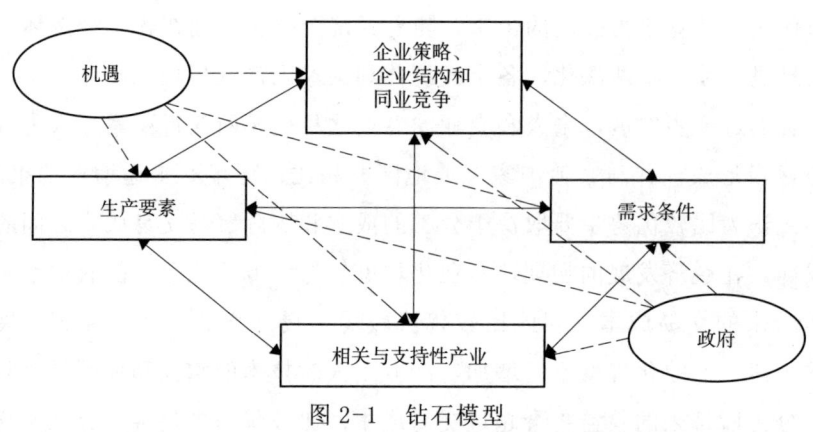

图 2-1　钻石模型

产业竞争力的来源是经济和管理学者研究产业竞争力的首要问题,比较优势理论和规模经济理论均不能对此进行有效解释,波特认为,这是传统经济理论的弊端之一,因为"在产业竞争中生产要素非但不再扮演决定性的角色,其价值也在快速消退中","规模经济理论有它的重要性,但该理论并没有回答我们关心的竞争优势问题"。波特进而指出,采用竞争优势理论来解释产业竞争力问题是有效且必要的。波特钻石模型竞争优势理论对产业竞争力的解释有其突出的特点,它不像前述国际贸易理论只是考虑单一要素，而是从系统论视角把产业竞争力看作一个复杂的系统，是一种多要素的集合，这相对前述理论研究是一个很大的进步。

与比较优势理论对产业竞争力的解释相比，竞争优势理论是形成产业竞争力解释范式的另一个基础，两者既有显著的区别，又存在联系。比较优势理论较多适用于强调同一国家（或地区）不同产业间的比较关系，而竞争优势理论较多用于不同国家（或地区）同一产业间的比较。在内容和对象上，比较优势理论侧重于各国（或地区）产业之间发展的潜力和可能性，强调市场价格机制，注重价格竞争。而竞争优势理论则侧重于各国（或地区）间产业发展的现实比较和竞争态势。比较优势理论和竞争优势理论两者存在紧密联系，在经济全球化环境下，一国（或地区）的经济活动一旦跨越国（或地区）界，发生产品、技术和服务等生产要素的跨国或跨地区流动，比较优势理论与竞争优势理论将同时发挥作用。一国（或地区）具有比较优势的产业和产品在国际贸易中通常较具有竞争力，形成国际竞争优势，一国（或地区）产业的比较优势要通过竞争优势才能体现。比较优势是产业竞争力的基础性决定因素，而竞争优势是直接作用因素。比较优势是产业国际分工的基础，也是竞争优势形成的基础，但比较优势理论却不能直接用来解释产业竞争力水平的高低，而竞争优势理论作为一种研究思路和分析方法可直接用于解释产业竞争力的形成机理。另外，对产业竞争力的理解之分歧可以分为若干角度，如静态和动态、确定和随机、事前和事后、单一维度和多维度、双边比较和多边比较等。因此，衡量产业竞争力的方法必然由于概念的界定而不局限于一种。

总之，经济学界认为，产业竞争力研究应充分纳入经济学体系中，用经济学理论来解释现实中的竞争现象，并形成产业竞争力理论，但目前这种美好愿望依然存在一定的挑战。其总体上的原因是，经济学具有不同的学派、分支和学科，每个部分都可以对产业竞争力研究发挥作用和作出贡献，而经济学不同的分支学科和学派，其假设前提、应用背景、分析工具各有优势和缺点，因此从目前研究结论上看，在经济学领域尚未达成较为明确的共识。

2.1.3 产业竞争力评价指标体系研究基础

如 2.1.2 节所述,对"产业竞争力"的理论研究已经有了较长时间的历史积累,并业已取得一定的成果。尽管如此,因概念和内涵在学术界并不能取得一致,所以产业竞争力评价指标体系的研究框架也相当不成熟。目前,产业竞争力评价指标体系主要有定性和定量两个方面的分析方法成果,定性分析主要源自波特的"钻石模型",聚焦于产业国际竞争力的成因理论;其次是产业竞争力的计量分析理论。将现代计量经济学分析方法引入产业竞争力研究和实际的产业决策与产业管理工作中,形成产业竞争力的计量分析是从 20 世纪 70 年代的美国开始的。

1. 评级指标体系的相关理论基础

20 世纪 70 年代末的美国,一直处于国际领先水平的钢铁业、汽车制造业和信息电子业三大行业受到了日本及其他发达国家的强烈冲击而竞争优势丧失、经济衰退以及失业人员急剧增加。美国技术评价局受白宫和参议院委托,设立了"关于产业竞争力的总统委员会",开始进行美国产业竞争力研究,通过定期发布《总统委员会关于美国产业竞争力的报告》,探求在微观经济领域如何提高国际竞争力,并在宏观上为政府决策提供建议。后来在世界经济论坛和瑞士洛桑国际管理发展学院的国际竞争力评价报告推动下,产业竞争力评价的定量研究和实操大大促进了世界主要国家新的竞争力结构的形成。如对创新的认知和如何形成符合国情的创新体系,对人力资本的认知和如何推动以人为本的学习,企业文化与企业价值互动等。

能否进行产业竞争力的国际定量对比,一个核心的问题是产业定义以及其是否具有同质性。哈佛大学商学院教授波特重新对产业进行了定义,其认为产业是生产直接相互竞争的产品或服务的公司的集合,那么产业所涵盖的产品,其相对竞争优势的要素和来源基本是相似的(因此与传统所定义的一般的产业不同,在这种广义定义的产业概念下,不同的产品其相对竞争优势并不具有可比性,它们之间并不存在直接的竞争)。按照这一思路推演，国家（或地区）的国际竞争力就失去了意义，而应当分析国家（或地区）某一产业的国际竞争力。波特最早提出了竞争优势分析法，认为国家（或地区）某一产业竞争力的强弱应是国家（或地区）与国家（或地区）之间在商业环境上的比较优势。而决定这种商业环境的比较优势主要有四个因素，即"生产要素""市场需求""相关与支持性产业"和"企业策略、企业结构和同业竞争"，这四个主要因素相互关联、相互影响，形成了一个国家（或地区）在国际竞争力方面所特有的钻石模型。除此以外，波特认为还有两个变量会对以上四个因素产生至关重要的影响，即"机遇"和"政府"。机遇是指不期发生的如"黑天鹅"事件，超出了单个公司控制范围，但对公司短期和长远的发展具有重要意义的随机事件，如技术上的突破性创新、颠覆性创新、区域战争和石油价格危机等。一个或多个国家（或地区）逐渐形成的竞争环境生态系统可能因这些"机遇"的出现而被打破，被动形成"竞争"的"断层"，使得国家（或地区）的竞争优劣势地位发生变化，有的优势丧失殆尽，有的国家（或地区）可以后来居上。政府则直接影响竞争环境的各个方面，主要体现在政策上，如政府在资本市场、税收政策、价格补贴、相关标准的制定、竞争环境规范等方面的政策变化等。但仅仅依靠钻石模型计量竞争力是不够的，因为反映整体竞争力之各要素之间的规律的客观数据很难直接获得，且其因果关系无法用计量经济学直接证明。

我国著名经济学者金碚继承了波特对产业的定义，其认为产业是一国（或地区）相同类型企业的集合体，这是竞争力优势比较的基础和出发点。同时，他提出了区分"竞争关系的存在"和"竞争力"两个不同的概念的提议，认为不具有竞争关系的两个事物，也可以进行竞争力的比较研究。对产业竞争力进行的多层次、多角度理论研究，在面对具体产业水平定量评价时会遇到实际的问题和困难。

研究学者一般基于某种事实的观察、演绎和推理，用客观现象（事实）来验证所构造的变量之间的关系是否正确，陶良虎、张道金等学者总结了目前产业竞争力计量分析的普适方法和步骤。首先基于确定的理论方法，合理选择评价指标,确定各指标的权重后,构建并验证求和模型;经过指标数据的采集阶段后,经标准化处理后代入回归公式,即得到量化的竞争力水平。在产业竞争力计量分析过程中,指标的选取、权重分配和体系的建立是必须解决的三个关键问题,基于不同的视角和计量处理方法是目前产业竞争力研究相区别的主要关键点。其中,在指标权向量的赋值上,马庆国认为,可以直接沿用统计学方法中的赋权理论,可以采用传统的业界专家打分法,也可以采用现代数学计量方法,如主成分分析法等。裴长虹、王镭、李春林等学者将产业竞争力评价指标总体上分为两类:一类是显示性指标,主要反映市场占有率(MS)和利润率,体现了产业国际竞争力的结果;另一类是分析性指标,用来解释产业国际竞争力的成因,该类指标又可以进一步分为直接性原因指标和间接性原因指标,直接性原因指标主要反映生产率和企业营销管理效率等,间接性原因指标大体相当于波特的"国家(或地区)竞争优势四要素"。

2. 主要评价指标体系的特点分析

德勤和美国竞争力委员会一直致力于对全球制造业竞争力指数的定量研究,目前已经出版了2010年、2013年和2016年的《全球制造业竞争力指数》,它采用对全球制造业高管问卷调查的方式,制定了一套制造业产业竞争力评价体系,对全球40多个国家和地区的制造业竞争力进行综合评估与排名。德勤报告的调查渠道有两个:电子邮件和在线调查。在受访对象中,有来自制造业大约23个行业的董事长、首席执行官、总经理、执行董事等500多人;将受访企业的规模分为四个档次,分别为超过50亿美元、5亿~50亿美元、5 000万~5亿美元和少于5 000万美元等。受访企业规模不同,在全球各地的业务营收不同,德勤基于企业全球经验的丰富程度给予不同的企业和高管权重来平衡最后的竞争力指数。德勤报告对制造业的未来预期有相当的话语权,但结果证明通常与事实都有较大的偏差,其问卷问题的设置、样本代表性和权重分配方法是被学术界质疑的主要因素之一。

德勤报告制造业竞争力评估体系主要分为三个部分,对来自全球的企业高管主要在三个方面进行调查，分别是企业信心和当前的环境、制造业竞争力、统计数据，每个部分又细分为若干个分项指标，分项指标之间采用平权的方式。每个指标使用 10 分制的自我标定梯形量表，要求高管对其相对重要性进行打分。不同企业和区域的受访者对打分是有差异的，这些差异可能是文化造成的，也可能是企业规模、个体视野、公司文化、政治观点等造成的，德勤报告采用了"相当繁杂且精于数学的"模型进行了归一化处理。调查置信度和归一化数学模型是学术界对德勤竞争力报告质疑的另一个因素。

德勤制造业产业竞争力的评价体系，主要包括 12 项评价指标（图 2-2），即人才，成本竞争力，劳动力生产率，供应商网络，法律监管体系，教育基础设施，物质基础设施建设，经济、贸易、金融和税收体系，创新政策和基础设施，能源政策，本地市场吸引力，医疗体系。两项外部影响指标是市场力量和政府力量。

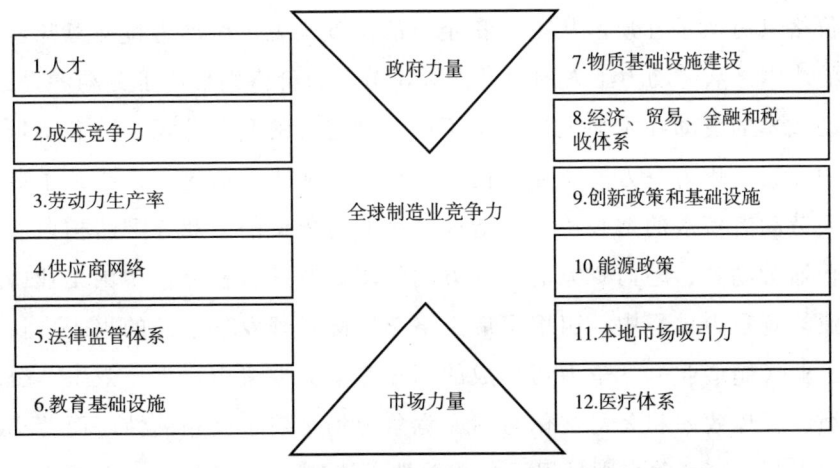

图 2-2 德勤制造业产业竞争力的评价体系

在国内外的竞争力研究中，主要强调在贸易全球化过程中，竞争体现为贸易中的比较优势，以实现企业利润最大化为评价根本，进而正向（正相关）影响国家竞争力的逻辑和认知。对于这种逻辑和认知，经济学者金碚提出了一个重要的观点，即产业竞争力研究应该多一些"温度"，不仅仅是你死我活的市场博弈，而应注重产业竞争力对本国（或地区）经济福利的影响。在以往的研究中，美国竞争力委员会和世界银行曾经提出"以持续的国民生活水准不断提高为前提"这个重要观点，但很遗憾并没有在福利经济的面向进行持续并深入的研究，而其他研究则鲜有提及。在产业竞争力评价和研究中对福利经济的关注，通常会在定性的价值判断或接受调查问卷的过程中，得到迥异的结论和立场。对于同一要素，不同立场的感受评价结果是不同的。本章后续将重点讨论在几个有影响力的产业竞争力评价指标体系计量过程中，为什么会出现这种对"问题的感受"与"实际评价结果"出现偏差的状况。

以制造业产业竞争力的调查问卷和计量评价为例，虽然政府越来越意识到制造业给国家的经济繁荣带来显著利益，为制造业出台了相关利好政策，国内市场和国际市场都向着促进贸易与要素流动的方向发展。从劳动成本上看，高怿在《劳动成本变动的经济效应分析》中认为劳动力价格具有双重性质，从工厂和企业的角度来说，劳动力价格意味着企业的成本，从劳动力工人的角度来说，劳动力价格则形成了劳动者报酬。劳动成本的变动在本质上反映了不同主体之间的利益分配。随着市场竞争的加剧，作为资方的企业趋向于压缩劳动成本，而这直接导致了劳方工人劳动者薪水的增长压抑，造成以企业为单位的微观分配结构向着远离普通劳动者、趋向资方的不同方向倾斜。赵彦云在分析中国工业（制造业）竞争力过程中，引用了瑞士洛桑国际管理发展学院的报告，认为因工业（制造业）竞争力而形成的国家竞争力要素中，生产效率、公司业绩、管理效率和公司文化与国家竞争力均呈现了高相关性，而劳动成本因素与国家竞争力则呈现了负相关性，达到了 -0.631，劳动成本的主要内容是劳动力成本，即人员报酬。IMD和德勤报告中的被调查人员均不同程度地认为，劳动成本是管理要素中中国在国际评价中最好的子要素之一，中国的比较优势在于中国拥有廉价的劳动力资源。按照国际竞争力的评价原则，排名靠前，实际上意味着劳动力成本比别国低廉。而从我国发展产业经济、提升人民生活水平、全面建成小康社会的角度来说,劳动力成本应随着经济的发展而适度提高。从经济福利视角,劳动力成本的适度上升,与产业竞争力下降不应该建立因果关系。德勤报告由对全球550余位制造业高管进行调查访谈总结而成。中国、欧洲、美国高管一致认为,劳工政策(包含了劳动力成本和人员工资)是影响制造业竞争力的重要因素,而美国和欧洲劳动成本高涨是其竞争力变弱的影响因素之一,中国劳动力成本目前仍然偏低是具有较高竞争力的有效因素(并认为未来5年,劳动力成本的提高会降低中国制造业的整体竞争力)。在劳动力的成本与供应方面,2013年中国"极具竞争力",其认为"劳动力成本"指标越低,竞争力越强,而我国的相关制造业政策则是努力提高"制造业全员劳动生产率",进而增加劳动者收入、提高劳动者水平。

无论是从发展经济促进社会发展的基本面,还是为什么要发展经济的哲学讨论,反观我国改革开放40多年来的初衷,无一不是将逐步提高劳动者收入,优化收入分配机制,实现中国梦作为目标。习近平总书记针对产业发展和民生战略,认为要坚持和完善社会主义基本分配制度,努力推动居民收入增长和经济增长同步、劳动报酬提高和劳动生产率提高同步,不断健全体制机制和具体政策,调整国民收入分配格局,持续增加城乡居民收入,不断缩小收入差距。因此,以往的竞争力评价体系中,侧重点基于经济福利考虑得甚少,出现了提高经济福利的目的与产业竞争力的结果偏离和离意的现象。

在德勤报告《2013年全球制造业竞争力指数》中,部分高管(美国)认为"知识产权保护政策以及支持技术采用""整合与转移的政策"有助于提升企业的竞争优势,而严苛的"环保政策""能源政策""企业税政策""医疗政策"等经济福利政策,都会给美国制造业带来竞争力的劣势。对于有较高"制造业产业竞争力"的国家(或地区)来说,一套合理的"环保政策""能源政策""企业税政策"和"医疗政策"是经济发展过程中必要的、有机的组成部分,而在实际判断时,高管很难判断

"严苛"和"合适"之间的界限,而倾向于"外资企业易于在某经济体中创立公司"则具有高的"竞争力"。同时,虽然国家和地区的竞争力研究也属于宏观研究的范畴,但它是以企业为单位的,直接的效果加总和汇集形成的竞争力综合指数,"根据他们对每一个国家(地区)在制造业上的相对吸引力评分直接统计出来的"。针对传统的产业竞争力研究是不够的,除了企业的视角,还包括政策制定者视角、环境保护视角、人文视角等,这些视角不是简单地堆积,而是相辅相成的。因此,在德勤制造业竞争力报告中,参与受访的企业领袖对某些指标判断存在明显的差异。例如,在公共政策方面,中国企业领袖认为有助于驱动制造业的"创新",带领企业走向下一代更有效率的节能商品与制造过程,符合"绿色增长目标",改善能源与环境可持续方面不但是中国的重大挑战,同时也是催化国内创新文化发展的重要基石。而外国的企业领袖"常常不以为意"。在能源成本和政策方面,因为诸如石油、天然气等能源的保有量越来越少,逐渐成为稀缺资源,相应的成本越来越高,全球接受调查的首席执行官等高管认为,一个国家(或地区),如果可以以"具有竞争力的价格(实际即低价,而不是合理价格)"提供清洁并可再生的能源,将比其他对手更享有优势。2013年中国是6个焦点国家之中最具竞争力的国家,而全球环境绩效指数(environmental performance index,EPI)表明,中国和印度的环境绩效远远落后于德国、日本和美国三个国家。"中国和印度的高排放和低EPI或许归因于它们急于快速成长,提高偏低的人均可支配收入,进而提升生活质量。"

全球竞争力指数(global competitiveness index,GCI)是由世界经济论坛定期发布的[①],旨在衡量一国(或地区)在中长期取得经济持续增长能力的指标,指标体系用于评估全球不同发展阶段的224个国家(和地区)的整体竞争能力,提供了一幅各国(或地区)经济、卫生状况和信息化水平等发展阶段的全景图。该指标体系主要由4个测量维度、12大指标

---

① 由总部位于日内瓦的世界经济论坛每年发布一次。

组成，包括：①社会环境指标（社会制度、基础设施）。②教育状况（健康与初等教育、高等教育与培训）。③经济状况（市场规模、宏观经济稳定性、商品市场效率、劳动市场效率、金融市场成熟性）。④技术创新（技术设备、商务成熟性、创新）等。全球竞争力指数指标既包括定量的，也包括定性的。

IMD 的《世界竞争力报告》，将影响一个国家（或地区）的竞争力用一套复杂的评价指标体系来反映，这套评价指标体系既包括定量指标，也包括定性指标，总计 300 多项，大体包括 8 个方面的要素：从国家（或地区）宏观角度总体上评价其经济能力；从国际交往角度评估其国际化程度，选取的一些指标，如进出口规模、资金流动等；政府对竞争的鼓励政策；国家（或地区）金融环境；满足商业运营的基础设施；企业管理能力；国家（或地区）的整体科技水平；人力资源供应。瑞士洛桑国际管理发展学院将项目外包给各个国家（或地区）的一家机构（通常为大学），由其发布 IMD 统一的调查问卷，据了解一国（或地区）的样本量通常在 50 个左右。样本发布对象的代表性是被经常质疑的因素之一，同时调查问卷的设计不具有连贯性和统一性，造成置信度不高。

产业竞争力评价指标体系的构建和测量之关键在于理论上的科学性和测量过程中相关调查问卷的可靠性，截至 2020 年，基于特定视角的产业竞争力评价已有多个成果，如侧重于区域经济集群、特定双边国际贸易等视角，因基本理论出发点不同，研究方法各不相同，评价指标体系的结论差异性较大，除了德勤的全球制造业竞争力报告以外，其他专门针对国家（或地区）层面的制造业进行宏观和中观的竞争力测度还不多。

3. 主要评价指标体系的比较分析

评价指标体系是指由表征评价对象各方面特性及其相互联系的多个指标，所构成的具有内在结构的有机整体。不同的研究机构关注制造业的侧重点不同，关注的核心要素也有一定的差别，采用了来自不同数据源的数据表征行业不同的特点和趋势，因此提出了不同的产业评价指标体系，并得出不同的研究结论。瑞士洛桑国际管理发展学院提出的"IMD 国际竞争力评价指数"研究，它的出发点是国别评价，选取若干个评价指标（定量和定性都有）表征国家整体的竞争力，在关注政府和社会管理效率的基础上，评价整个社会的经济运行效率和绩效。世界经济论坛提出了"全球竞争力指数"评价体系，它的出发点也是国别评价，核心要素在于关注国家在未来一段时间内经济增长能力和提升潜力。它主要采用定量的评价方法，在得出结论前，注意将历史和未来等多方面因素统筹分析，兼顾了可持续发展等多种因素。联合国工业发展组织提出了"工业竞争力指数"评价体系，它的核心要素是制造业的国内产出水平和国际贸易水平。它全部采用定量指标，优点是数据的可获得性较好。德勤、美国竞争力委员会提出了"全球制造业竞争力指数"评价体系，它关注的核心要素是各国制造业的营商环境采用定性和定量相结合的方式，尽管指标较全面和细致，但在学术界存在一定的争议。波特提出了"波特钻石模型评价体系"，它的核心要素是钻石理论，产业竞争力的判定因素在于四个主要因素（生产要素，相关与支持性产业，市场需求，企业策略、企业结构和同业竞争）和两个影响因素（机遇和政府），它的理论来源在于将国内或者内部的竞争优势理论用于国别比较中。

  中国社会科学院工业经济研究所提出了"中国制造业可持续发展指标"，它的评价目标仅限于中国制造业，通过分析制造业对国民经济不可或缺的重要作用，在中国持续若干年不顾及资源消耗和环境恶化的背景下，提出可持续发展策略，这些策略由表征可持续发展的定量指标来反映。同样，将中国制造业产业作为评价对象，中国人民大学竞争力与评价研究中心提出了"中国制造业产业竞争力评价分析体系"，主要侧重于建立中国的区域制造业产业竞争力评价体系和框架，采用公开发布的数据（数据来源主要是国家统计局）来定量分析。南京航空航天大学经济与管理学院提出了"中国制造业发展指数"，从经济、科技和资源环境三维均衡发展的角度阐述中国制造业发展的前景，它的特点是引入新经济、信息经济、高技术产业的概念，定义和研究"新型"制造业。它的立意比较清晰，将经济发展、科技进步和资源环境消耗统筹考虑，提出了一种新的学术研究的视角，但缺点是概念没有获得业界共识，在数据获取上也存在很大困难。纵观当前国内外相关研究成果，具有一定研究持续性的评价指标体系如表2-1所示，特点说明如下。

表2-1 几个评价指标体系的比较

评价对象	指标标准	评价方法		评价导向	评价结果
IMD国际竞争力评价指数	国别评价	当年国际数据国家间比较	定性+定量	政府和社会管理效率	当年国别比较
WEF工业竞争力指数	国别评价	当年国家数据	定量	国内产出水平和国际贸易水平	当年国别比较
德勤全球制造业竞争力指数	国别评价	综合几年判断	定性+定量	营商环境	每隔几年
波特钻石模型评价体系	单个国家	描述	定性	要素	侧重国家判断
中国社会科学院工业经济研究所中国制造业可持续发展指标	中国评价	当年中国数据	定性+定量	工业产品的国际竞争力	中国
中国人民大学中国制造业产业竞争力评价分析体系	中国评价	当年中国数据	定性+定量	产业发展社会基础的国际竞争力	中国
南京航空航天大学经济与管理学院中国制造业发展指数	中国评价	引入新经济、信息经济、高技术产业的概念	定量+定性	经济、科技和资源环境三维均衡	数据获取困难

联合国工业发展组织的工业竞争指数侧重于当前状况，中国社会科学院工业经济研究所的中国制造业可持续发展指标侧重制造业发展潜力，德勤推出的全球制造业竞争力指数指标体系突出了国别比较的竞争优势。上述几种评价指标体系存在一些共同的有待改进之处，即定性和定量相结合，定性指标难以量化，或在量化过程中存在一定的争议，从经济福利视角，均存在一定的评价过程和评价结果的离意与偏差。

4. 评价指标体系构造和测量的一般原则

影响产业竞争力的因素相当广泛且具有一定的系统性，同时针对产业竞争力进行评价的目的、背景和用途（实用性）都不尽相同，根据国内外专家和学者对产业竞争力相关评价体系在指标构建方面的经验，评价指标体系构造、指标选取和评价过程中应遵循以下原则。

产业竞争力评价是多属性的、系统性的决策工作，从清晰界定概念和内涵，合理严谨的指标体系设计，逻辑缜密的评价方法，准确的数据分析等各个方面，要确保不出现科学方法论上的重要遗漏。有学者认为，指标体系的设置要尽量建立在业已证明能够反映产业竞争力系统特质的"波特钻石理论"之上。彭张林、张爱萍等进一步提出了评价指标体系科学性的"O-C-W-I-S-D"原则，即目的性（objective）、完备性（complete）、可操作性（workable）、独立性（independent）、显著性（significant）和动态性（dynamic）。

刘丹、王迪等认为，竞争力评价指标的选取是一项基础性工作，在可行性和易操作性上要注意四个因素：选择的指标要体现产业各方面的综合实力（竞争力），即全面性；在众多评价指标中，应该选择最能体现特征的重要指标，即代表性；考虑定量分析的要求和权威性，在现有国内外统计数据库中，确保数据的可获得性和可比性；尽量确保评价指标之间的弱相关性。

陈少克、陆跃祥提出了将过程指标和状态指标相结合的原则，认为对产业国际竞争力提升的评价不但要对产业竞争力的状态指标进行静态考察，还需要关注状态指标，状态指标体现了竞争能力、探讨产业竞争力提升的有效途径，体现了竞争结果。因产业竞争力具有明显的动态性，仅仅从静态对产业竞争力进行考察是不够的。同时，激励因素是需要关注的另一种形式的状态指标，其作用是通过社会管理系统或企业管理系统，对某个时期产业竞争力的发展状态实施影响来呈现的，是在指标体系建设和评价过程中要特别注意的。

2.2 经济福利视角与制造业产业竞争力

福利经济理论（Theory of Welfare Economics）是经济学理论的

一个重要组成部分,从总体上来说,福利经济理论包括西方经济福利理论和马克思主义福利经济思想两个部分。西方经济福利理论以资本主义生产为研究对象,在100多年的理论发展和制度变迁的过程中充满争鸣与论辩,产生了古典福利经济理论、新福利经济理论、有效需求理论(Theory of Effective Demand)和阿马蒂亚·森经济福利理论等经济学派。马克思虽然没有在其著作中有针对性地阐述福利经济的内容,但其作为社会主义制度理论的开辟者和集成者,经济福利思维贯穿其思想当中。马克思分析了资本主义制度私有制的属性,从公有制立场出发,基于人类视角深入考量扭转社会异化问题,从更高的"以人为本"立场关注社会成员在经济社会中的发展并关乎其福利保障。本节主要述评不同的经济福利理论学派对产业的关注要素有何不同,进而探析经济福利与制造业产业竞争力关系,为后续研究做好理论上的支撑。

1. 西方经济福利理论与产业要素的关联

通常意义上,经济福利涉及社会学和经济学概念两个方面的融合,指人们的各种欲望或需要所获得的满足和由此感受到的生理幸福或快乐,从范围上来说由两部分组成:个人福利和公共福利。严格意义上,尽管西方经济福利理论到目前为止研究成果丰硕,但并没有给出一个确切和内涵明确的定义,只由不同的流派对经济福利界定了不同的背景假设,并做了各自不同的演绎和归纳。

(1)福利经济理论的形成过程。福利经济理论的形成与社会救济密切关联,并经历了一个由否定社会救济制度到主张国家福利的发展变化过程。英国作为老牌的帝国主义国家,福利经济最初也出现于此,16世纪及以前的英国,救济贫困主要由宗教机构、协会、行会和私人慈善进行。1601年,英国政府颁布了《救济贫困法》(*The Poor Law*),以法律的形式将救济贫困由私人义务转变为社会公共责任,并规定了一系列的福利措施。当时一些经济学家对《救济贫困法》进行了福利措施的反思,一般持否定和反对的态度。英国经济学家斯密提出了市场经济是一只"看不见的手",其经济研究的前提是利己主义,即所有的经济活动都是严格利己的，认为各个独立的经济个体追逐其个人的利益，在市场经济的条件下，国家和政府无须对穷人与福利进行过多的关注，福利救济和社会保障是私人的事情，人们在追逐个人利益的同时自然就实现了社会福利的最大化。持有同样观点的还有英国经济学家托马斯·罗伯特·马尔萨斯（Thomas Robert Malthus），他认为贫困问题不是社会问题，失业和贫困是个人不努力的结果，是个人与社会对抗的失败，社会救济会让个人产生依赖，并不利于社会的进步。在当时的资产阶级和上层人士当中，类似观点占据主流，英国经济学家李嘉图认为工人的贫困问题来自市场经济的自由竞争，当人口自然增长以后，劳动力供给超过了工作岗位的供给，造成失业和工人人均收入的降低，工人的贫困来自工人自身的原因，而不应由社会经济制度（政府）负责。因此，1843年英国政府颁布了新的《救济贫困法》，附带法则非常严厉，规定了依靠救济的人必须接受更加苛刻的条件。随着社会的前进和以蒸汽机为代表的工业技术的发展，1870年以后出现的社会化大生产使得大量工人失业，工人阶级的贫困化带来了工人运动的高涨，对社会稳定和资本主义统治造成了威胁。这一时期，不少工业发达国家的政府和其经济利益代言人逐步提出了"福利国家"的概念，将社会福利制度由社会救济发展到国家的责任和义务，由国家来保障社会福利。其间，主要的经济学家及其理论有：德国经济学家J.尤迪思（J.Jutis）主张从民族利益出发，进行国家干预，由政府采取保护主义的政策来促进国民财富的增加，他首先提出了"福利国家"的概念，认为国家的财政支出是公共福利的基础，强调发挥国家和政府行政职能的作用，通过赋税政策实现财富的再分配，并通过法治建设建立良好的社会秩序和市场环境，国家要负起文明和福利的职责。现代福利国家论的主要思想包括如下内容：①国家的职能除了安定秩序和发展军事实力以外，一个重要的方面就是直接干预和控制经济生活。②国家的法令、法律和法规决定一国经济的进程。③国家应该采取一系列措施，实行经济和社会改革。如针对产业的立法、针对劳动者的立法，保护河流、森林、矿产等自然资源。

综上分析，在福利经济理论的形成过程中，经济福利视角与产业要素的关联主要包括：政府是否通过对产业的干预达到个人福利和公共福利的最大化；政府与市场的关系，通过国家和政府的法制与法规建设，提高劳动者权益、保护产业利益，并开始注重对河流、矿产、森林等自然资源的保护。

（2）古典福利经济理论。以斯密为代表的富国裕民之古典政治经济学的目标追求，经过发展，形成了在国民收入持续增长框架下的福利经济学，其目的是追求全社会的福利最大化。福利经济学起源于20世纪20年代，以庇古1920年《福利经济学》一书的发表为标志，庇古的古典福利经济理论使其被称为"福利经济学之父"。庇古在其代表作《福利经济学》和《产业变动论》中提出了"经济福利"的概念，将福利分为广义的"社会福利"和狭义的"经济福利"两个方面[①]，主张分配过程中力求国民收入的均等化。庇古认为，"个人的经济福利是由效用构成的，所有人的效用总和自然形成了全社会的经济福利"，"经济福利和国民收入这两个概念是对等的，对其中之一的内容的任何表述，就意味着对另一个内容的相应表述"。古典福利经济理论认为，其研究的主体应聚焦在两个方面：增加国民总体收入量是福利经济的基础，实现收入分配均等化的福利经济的目标，因此检验的标准就包括国民收入的多少和劳动者收入在社会成员中的分配情况。国民收入量增加的关键在于资源的有效配置。最适度的资源配置，可以使国民收入或社会经济福利达到最大值。古典福利经济分析的基本原理是研究经济活动对一国（或地区）人民生活福利的影响，说明如何能实现一国（或地区）人民短期和长期、直接和间接福利的增长与最大化，主要内容是"分配越均等，社会福利就越大"。

综上分析，古典福利经济理论从福利观点或最大化原则出发对经济体系的运行予以社会评价，在国民收入调节过程中，国家的作用越发加强，国民收入均等化趋势越发显现。其与产业要素的关联包括：国家的作用，

---

① 广义福利包括因对财物的占有而产生的满足感，难以计量，涉及"自由""家庭幸福""精神愉快""友谊""愉快"等内容；经济学研究的通常是可计量的狭义福利，即经济福利。（陈银娥，2000）

在检验社会经济行为好坏的标准中显示度增加；福利经济理论关注社会经济运行大部分的目标和对象，如生产、交换和分配等，并给予一般适度条件下的政策建议。

（3）新福利经济理论。福利经济学经历了旧福利经济学和新福利经济学两个发展阶段。前者建立在基数效用论的基础上，庇古第一次系统地论证了整个经济体系实现经济福利最大值的可能性，但其福利经济理论提倡的收入均等化不能满足垄断资本主义的需要，经修改、补充和发展后，逐步形成新福利经济理论。新福利经济学建立在序数效用论的基础上，代表人物是意大利的维尔弗雷多·帕累托（Vilfredo Pareto），他通过考察"集合体的效用极大化"问题，提出了"帕累托最适度条件"。新福利经济学因帕累托的卓越贡献，也被称为帕累托经济学，目前福利经济学的研究越来越侧重于实际应用方面，西方主要经济学家基本涉及这一领域的内容。它延续了以往福利经济研究的力度，主要侧重在微观研究领域，并且使用了大量繁复的计量分析来证明。其主要观点有：①卡多尔－希克斯的补偿原理。其认为如果一些社会成员经济状况改善的同时不会造成其他成员的经济状况恶化，社会福利就增加了。但是社会变革不能使所有人同时受益，而是总有人受损，因此，政府应该对受害人进行相应的补偿。②西托夫斯基的福利双重检验标准。其认为要考察社会政经变革后是否有可能通过新的收入分配使每个人都比变革以前好，另外，要观察从变革后再回到变革前是否已无可能采用收入再分配的方法使每个人都比变革前好。若出现第一种结果而不可能出现第二种结果，则新变革是可取的；反之则新变革不可取。③经济福利函数论。经济福利函数论的倡导者是美国经济学家柏格森、萨缪尔森等人。其认为收入分配问题应和其他问题一样，要由一定的道德标准去决定，如果任何一个产业企业因组合生产要素而使生产效率提高，或者有任何一个人因消费品的增加而使满足程度提高，而其他厂商的生产效率和其他的满足程序仍然不变，那么经济福利就有所增加。当社会福利增加到不能再增加的地步时，社会福利就达到了最大化。这就是帕累托式的最优状态的实现。

综上分析,新福利经济学的主要观点与产业要素的关联认为,经济效率问题才是最大福利的内容,交易双方通过交换使彼此得到最大满足;生产要素得到最有效的配置,使产品最有效地生产出来所必需的条件;生产和交换最适度条件是指同时满足交换最适度与生产最适度所要求的前提,最终达到经济效率配置的最优。因此,经济效率是最大福利的必要条件,合理分配是最大福利的充分条件。在此过程中,政府的作用就是保障个人和产业的公平环境。

(4) 有效需求理论。有效需求理论是英国经济学家约翰·梅纳德·凯恩斯 (John Maynard Keynes) 于1936年在其著作①中提出来的经济理论,其核心观点是经济自由主义存在不可调和的弊端,应该放弃而代之以政府干预,在如经济大萧条、战争等致命危机威胁资本主义世界时,国家的方针和政策可以挽救与巩固这个社会。凯恩斯有效需求理论主要包括三大基本规律,即"边际消费倾向递减规律""资本边际效率递减规律"和"流动偏好规律",在这些规律的支配下,社会生产过剩和消费需求不足之间将出现矛盾,导致经济危机,引发工人失业。其认为社会的总供给和总需求之间不会自动均衡,必须进行政府干预,通过如财政支出等国家力量的介入扩大和促进总需求,使需求和生产在一定的程度上适应与均衡,在这个过程中,增加社会经济福利、提高社会保障能效是增加政府财政支出的重要方向。进而,国家对经济的干预和调节作用进一步深化,扩展到其他再生产领域。扩大社会有效需求的途径有多种,扩大保障规模、经济福利受众范围是扩大社会有效需求的重要途径之一,因此经济福利制度逐渐成为国家宏观调控的经济工具。基于凯恩斯的有效需求理论,国家干预经济的思想在多个国家(或地区)多个时期得到践行。社会保障制度和经济福利思想成为国家垄断资本主义的一个重要特征,但从资源配置角度分析,经济学者认为,政府管制和经济干预不可避免地在社会运营过程中存在一定的效率损失,带来的交易成本不断积累,特别是到了20世纪70年代后期,

---

① 《就业、利息和货币通论》(*The General Theory of Employment, Interest and Money*,简称《通论》)。

西方各国相继陷入"滞胀"并存的危机之中,占据统治地位的凯恩斯理论逐渐无法给出令人满意的决策。

综上所述,凯恩斯有效需求理论与产业发展和产业要素的关联,强调了国家和政府政策对产业推动进而改进福利分配的作用,主张国家采用扩张性的产业经济政策,通过增加需求促进经济增长。

(5)阿马蒂亚·森经济福利理论等经济学派。古典福利经济理论和新福利经济理论有一个共同点,即均主张将社会伦理、道德观念等价值判断排除在福利经济学之外,这就是所谓的价值免谈(value free)观点。英国剑桥大学印度经济学家阿马蒂亚·森对上述福利经济学的理论提出了"大"[①]挑战,他认为福利经济学应该摆脱狭隘的范围,将基本价值判断纳入研究领域,根据道德和政治多方面因素来评价福利水平及其变化,他的社会选择理论对福利的定义、匮乏的研究等作出精辟论述,1998年荣获诺贝尔经济学奖。阿马蒂亚·森基本价值判断是指在任何条件下都被认为是正确的价值判断,如追求自由、反对剥削和压迫、劳动者个人获得福利收益与报酬增益、促进环境保护等人类共同利益等。只有满足了基本价值判断,经济福利的改进才能被视为社会福利的增加。阿马蒂亚·森对以萨缪尔森为代表的社会福利函数进行了批评,认为功利主义将导致反公平现象(anti-equalitarian),提出了能力中心(capability center)观来取代幸福效用观,社会福利水平的提高来自个人能力的培养和提高。阿马蒂亚·森通过对贫困和饥荒问题的研究,对长期以来的财富万能(money answers all things)理论提出挑战,认为人均收入的提高不必然带来经济福利的增加,而应该关注经济的结构和不均衡,经济增长之重点并不在于增长本身,而在于增长过程所带来的相关利益(associated benefits)。阿马蒂亚·森运用权力和能力标准,对劳动力进行分析,认为对于大多数人来说,他们唯一可以出卖的就是劳动力,他们寻找工作的

---

① 阿马蒂亚·森对他之前的福利经济学大部分理论都提出了疑问,研究成果得到经济学界的认可而获得1998年诺贝尔经济学奖。1988年诺贝尔经济学奖相关评委认为阿马蒂亚·森的观点太具有颠覆性,未来10年都不可能得到诺贝尔经济学奖的认可,而1998年阿马蒂亚·森得到了。

能力、劳动报酬和产业消费品的价格决定了个人的权利与福利。

综上分析，阿马蒂亚·森经济福利理论与产业要素的关联主要是将价值判断与伦理道德纳入其中，从一定程度上弱化了利己主义造成的社会资本主流阶层与劳动者阶层之间的对立，注重劳动者（人力资本）能力提升和获得报酬增益的合理性，在产业经济发展过程中，强调了资源保护、政治法治建设对经济成长的意义。

2. 马克思主义经济福利思想关注的产业要素

马克思主义经济福利思想是对西方经济福利理论的扬弃。从生产资料私有制造成的弊端开始分析，马克思主义认为判断人类社会状态好坏的标准是社会的生产关系是否能够适应生产力的发展，这一标准是客观的，不以个人意志为转移。在资本主义社会中，一切生产以获得剩余价值或者利润为社会评价的标准，而不是以满足人们的基本需要为基准。资本家对剩余价值的不懈追求，劳动者出卖劳动力为资本家生产，构成了资本主义社会中的个人选择。基于这种个人选择的经济福利制度，在资本主义生产关系条件下，表面上是自愿的，实质上被平等的商品关系所掩盖。而这种不平等的生产关系作为一种客观存在，强加在个人选择之上，这种个人选择不会带来社会所有人的福利最大化，而只会带来资本主义劳资基本矛盾的冲突和恶化，即社会生产关系与广大劳动人民不断增加的生活需要之间的矛盾越来越大。

新时期以来，经济全球化促使人们对传统的利己主义福利观、国家保护主义利益观、竞争零和博弈进行了反思，马克思主义国际观也获得了新的发展，其认为各国在提供经济福利造福于民的过程中，国家具有取向相同的利益，国家间竞合关系高度交融，不同国家不约而同成为利益和命运共同体上的关键一环，协作、互助、磋商和协调成为顺应人类社会、国际体系发展趋势的普遍期待。现实状况下，全球利益链极易中断，如战争和贫困造成的难民潮等，任何一个国家（或地区）都不可能脱离他国（或地区）而独善其身，一个国家（或地区）要想获得充分发展，必须营造和谐的国际环境，在追求本国（或地区）利益的同时，兼顾他国（或地区）合理关切,在谋求本国(或地区)发展中促进各国(或地区)共同发展,逐渐成为新的经济福利思潮。

综上分析,马克思主义经济福利思想以及新的发展认为,经济福利实质上是一种意识形态,既体现在微观个人的意识形态上,也是社会制度意识形态的表征。为了实现经济福利的最大化,促进社会进步和人的发展,要求生产关系适应生产力的发展,产业发展为社会福利提供了坚实的物质基础,是分配制度的源泉。从宏观经济分析,产业发展与经济福利体现了一种正相关关系,产业发展水平高,则经济福利高;反之亦然。政府在资源配置中的作用越来越重要,在国际交往过程中,国家间的利益趋同和高度融合,要求产业发展不能以牺牲别国的利益为前提。

3. 经济福利视角的总结

到目前为止,福利经济学理论已经获得了相当程度的发展,基于特定的历史和社会经济制度、背景假设,其在微观和中观经济学领域获得了丰硕的成果与新的进步,其间也不断有争鸣和辩论。本书基于研究的实际和需要,不沉溺于具体微观领域的技巧分析和明察秋毫,而是通过经济福利理论与产业要素的关系,梳理经济福利视角的关注点。黄有光提出,"经济福利视角是这样一个研究领域,它通过经济理论力图制定和归纳一些关键视点,根据这些视点,我们可以判断某一经济状态下的社会经济福利高于或低于另一经济状态下的社会福利"。基于上文文献分析和综述,在新时期政治经济环境下,归纳经济福利视角与产业要素发展的关系有如下13点。

(1)经济福利依存于市场环境之中,公平的市场环境与经济福利息息相关。

(2)政府对提升经济福利有社会公共责任。

(3)产业发展要保护资源和环境,有利于提升经济福利。

(4)产业发展保护劳动者利益,有利于提升经济福利。

(5)产业发展提升劳动者人力资本竞争力与提升经济福利具有一致性。

(6)产业总规模促进经济福利。

（7）产业人均规模促进经济福利。

（8）生产资源的有效和最优配置促进经济福利。

（9）产业本身的生产、营销、服务能力和经济福利息息相关。

（10）产品和产业的质量促进经济福利。

（11）产业的国际贸易和扩张能力与经济福利相关。

（12）产业结构最优化促进经济福利。

（13）追求本国利益不以伤害其他国家为前提的竞争共同促进了经济福利。

经济福利视角对产业要素的要求如表2-2所示。

表2-2 经济福利视角对产业要素的要求

福利经济理论	主要理论内容	对产业要素的要求
斯密等否定社会救济的福利经济思想	1. 自由放任经济学 2. 利己主义和反对政府介入福利 3. 完全市场经济	1. 私人资本的性质，经济福利没有责任 2. 提供市场经济环境
尤迪斯等福利国家论	1. 主张发展社会福利 2. 国家保护主义	1. 强调政府的作用 2. 立法保护环境、资源、产业和劳动权益
庇古等古典福利经济理论	1. 国民收入总量提高 2. 分配越均等，福利越大 3. 国富民强	1. 生产资源的有效和最优配置 2. 产业总规模和人均规模 3. 企业本身生产的能力
帕累托等新福利经济学理论	经济效率的提高	1. 产业国内、国际贸易最优 2. 生产效率（产品质量）的最优 3. 产业效率（产业质量）的最优 4. 上述1、2、3的同时最优
凯恩斯等有效需求理论	1. 社会保障制度 2. 调节社会需求，消费结构的改变 3. 充分就业	1. 经济和产业扩张 2. 跨国企业的发展 3. 人力资本的提高 4. 产业结构的改变
阿马蒂亚·森等基本价值判断	1. 价值判断与伦理道德 2. 反对利己主义和功利主义 3. 反对财富万能	1. 产业竞争不以伤害其他方为前提 2. 人力资本能力的培养与提高 3. 法律法规制度的完善，环保质量的提高
马克思主义经济福利思想及其发展	1. 对西方福利经济理论的扬弃 2. 人的全面发展 3. 生产关系与生产力	1. 劳动者与资源拥有者不是对立的 2. 追求本国利益时兼顾他国合理关切

4. 传统产业竞争力研究与经济福利视角的离意（冲突）

传统的产业竞争力研究之基础大多源于各经济学及其理论的分支，从功效上可以将经济学总体归并为两类：一类是用来回答"是"和"不是"的问题，这是由实证经济学来完成的。实证经济学专注于经济体系是如何运行的，以及如此运行的原因，并不进行过多的社会评价。另一类是回答"好"与"不好"的问题，这是由规范经济学来完成的。规范经济学专注于对经济活动作出社会评价。福利经济学即属于规范经济学的范畴。以环境保护为例，实证经济学认为，环境保护标准的提高可能降低我国产业竞争力评价水平，肖红、郭丽娟的研究表明，环境保护强度与产业国际竞争力并未呈现出一种规律性的关联。虽然重污染产业中造纸及纸制品业随着环境保护强度的提高，其国际竞争力有所降低，但从经济体系的运行来看，存在二元评价，即"好"与"不好"，应提高环境保护的强度。进一步的研究显示，皮革毛皮羽绒及其制品业、橡胶制品业和塑料制品业等轻污染产业也发生同样的变化，在环境保护强度不断提高的条件下，重污染产业中化工原料及化学品制造业的国际竞争力反而有所提高。这说明，基于经济福利的环境保护因素，对产业国际竞争力的影响，不全然是对产业竞争力水平的降低作用。从我国目前的情况看，实施较严厉的环境保护政策措施并不必然导致产业国际竞争力的下降。

经济福利涉及经济学、心理学、管理学和社会学等的交叉概念，对经济福利的研究，有的学者侧重微观层面，也有部分学者在宏观层面来讨论。福利经济分析的基本原理，是研究经济活动对一国人民生活福利的影响，说明如何能实现一国人民短期福利和长期福利的增长与最大化。实际上，产业国际竞争力研究之所以受到重视，重要原因之一，是人们认识到，一国（或地区）产业竞争力的提高对于提高本国人民的整体福利水平具有极为重要的意义；如果忽视本国产业的国际竞争力，而使本国的民族产业失去生存和发展空间，就不可避免地使本国人民的福利受到根本性损害。朱高峰等认为，制造业产业竞争力的提高对于提高本国人民的整体福利水平具有极为重要的意义。一国（或地区）产业竞争力的提高，不必然使得别国的民族产业失去生存和发展空间，进而使得该国的福利受到损害。要素流动和国际合作使得后发国家资源配置更加合理，基于经济福利视角的产业竞争力的提高，可能推动（区域）经济朝着普惠、包容、平衡和共赢的方向发展。因此，从福利经济学视角看产业竞争力理论，与侧重零和博弈的视角研究传统产业竞争力理论存在较大差异。

与一般的经济分析不同，产业竞争力分析应具有特殊的福利经济学内涵。一般经济分析对经济活动的福利评价通常将收入增长和分配、就业，或者更理论化的"消费者剩余""帕累托改善"等作为准则，而产业竞争力分析却引入国家利益（或民族利益）这一特殊的福利因素，而且，这种特殊的福利因素表现为与其他国家，特别是竞争对手国家相比较甚至相对立的利益权衡。由于国家或民族作为一个利益实体成为产业竞争力研究的基本福利单位之一，所以，同样是创造收入、增加就业、上缴税金，或者同样是增加消费者剩余、促进帕累托改善，但这些结果是由民族产业的发展所引起还是由外国企业的发展所引起，或者，消费的是本国品牌的产品还是外国品牌的产品，人们会给予非常不同的福利评价。总之，在产业竞争力分析的福利经济学研究中，引入与"国籍"有关的特殊因素。有人设问，如果做一个极端的假设：有一天，我国的收入（个人和政府）大大增长了，产品供应丰富，就业问题解决，生活质量提高，但所有的产业都是以外国独资和外资控股的企业为主，所有的产品都是外国品牌，我们应该怎样评价这种局面呢？采用一般的经济分析方法，恐怕很难对此作出评价。

经济学者金碚认为，关于产业国际竞争力的研究必须对本国产品和外国产品这一问题作出明确回答，因为如果对本国产业（产品）和外国产业（产品）没有不同的福利评价，那么谈论产业的"国际"竞争和"国际"竞争力没有意义。国际竞争与国内竞争相比有一个显著的不同：在国内竞争中，各竞争者的利益损失是有可能通过一定的利益协调机制来进行补偿的；而在国际竞争中很难实现竞争者（民族）之间的利益补偿。在当代，"全球"并不是现实的福利单元，最大的福利单元是"国家"或"民族",而且直至当代尚没有一种可行的机制来对这种最大的福利单元——国家或民族之间的福利损益进行调节和补偿。因此,如果在一国的"社会福利函数"中引入"国家利益(或民族利益)"的因子,这一"社会福利函数"就难以用通常的经济分析方法来衡量。也有学者提出了不同的观点,认为各国(或地区)产业处于同一时间却处于不同的发展阶段,从时间切面上看,国际竞争是不公平的,存在要素流动的势差,这个要素流动的过程,不仅应是本国产业经济促进福利的过程,更是低势差国家提升社会福利的过程,而不是相反。基于此提出产业竞争的竞合理论(Cooperation-competition Theory),其认为产业竞争是一种特殊的博弈,是一种可以实现双赢的非零和博弈,这均源于对竞争对抗性固有的缺点的认识和适应当今复杂的经营环境。因此,与国际贸易理论相比,产业国际竞争力研究也许包含更多的福利经济分析以至价值判断因素。

总结以上分析,在福利经济视角下,产业竞争力评级研究不是"有你没我"、打败对方的零和博弈,而是建立一套相对公允的标准,基于国际分工、产业互补、社会福利的最大化,通过建立科学合理的评价体系,审视各自存在不足的产业和要素,做到"查漏补缺",不仅要重视内部合作、产业结构的调整,更要重视国际的竞合关系(不仅仅是竞争);不仅要补充产业上的短板,也要增加有竞争力的产业长板,为其他的资源要素营造可持续的发展环境。基于此,国家(或地区)层面的产业决策,则以提高社会福利、维护产业安全为最终目的。

2.3 经济福利视角下制造业产业发展现状综述 ①

经 2.2 节的文献综述和归纳研究,我们梳理了经济福利视角下 13 条制造业产业发展和产业竞争要素与经济福利的关系,本节基于此论述我国

---

① 本节除非另有注明,数据均来自《中国统计年鉴—2015》《中国统计年鉴—2016》《中国统计年鉴—2017》《中国统计年鉴—2018》。

制造业产业发展的现状，为后续研究，特别是政策建议的提出提供产业发展的现实背景。

改革开放以来，我国制造业大致经历了如下发展阶段：改革开放初到20世纪90年代初，我国制造业发展的基本特征是"高速增长"；20世纪90年代至2000年初，我国产业经济发展的最重要特征是"国际竞争"；2002年以来，从中国加入WTO的头15年至2017年是中国制造业发展的黄金时期，中国制造业开始迅速融入全球经济，国际贸易额迅速攀升，出口顺差持续增加，外汇储备也持续增长。尽管在2008年美国次贷危机的阶段，我国能源消耗型、劳动密集型、环境污染型的制造业企业首先受到冲击，但随着经济全球化发展的日益深化，制造业产业竞争日趋激烈，我国作为发展中国家整体上处于赶超和快速进步的阶段。同时全球各国的制造业也面临国际贸易保护主义、单边主义的巨大挑战。特别是2017年特朗普政府上台以来，冲撞国际贸易体系，实行美国优先、保护主义、单边主义和极端反全球化的措施。在国内外激烈的产业竞争环境下，我国制造业利用资源（如资源禀赋、人力资本、劳动和资金等）要素来提高生产率，为人民创造较高的生活水准，在环境保护、法治建设持续增进、维护产业和国家安全等方面取得了卓越的成绩，当然也存在若干问题。

2.3.1 制造业在经济福利中的表现

制造业是指原材料经过物理变化或者化学变化后成为新的产品，不论是动力机械制造还是手工制造，也不论产品是批发销售还是零售，符合以上定义的行为都可视为制造[①]。建筑物中的各种制成品、零部件的生产也视为制造业，但在建筑预制品工地，把主要部件组装成桥梁、仓库设备、铁路与高架公路、升降机与电梯、管道设备、喷水设备、暖气设备、通风设备与空调设备，照明与安装电线等组装活动，以及建筑物的装置，则视为

---

① 中华人民共和国国家统计局. 中国主要统计指标诠释[M]. 2版. 北京：中国统计出版社，2013.

建筑活动（建筑业）。制造业也包括机电产品的再制造，将废旧汽车零部件、工程机械、机床等进行专业化修复的批量化生产，再制造的产品达到与原有新产品相同的质量和性能。制造业产业是指从事制造业等相同性质经济活动的所有单位的集合。有的企业对外从事两种及两种以上的经济活动，其主要活动（principal activity）为制造业则认定为制造业企业。这里的主要活动指的是占企业中增加值份额最大的那一部分活动。除用增加值计算企业的主要活动外，还可以依据销售收入、营业收入或从业人员等指标来确定主要活动。

制造业直接体现了一个国家的生产力水平，按照生产工艺和流程，根据在生产中使用的物质形态，制造业可以分为两类：流程制造业（repetitive/continuous manufacturing）和离散制造业（intermittent/discrete manufacturing）。相应地，加工上述类别产品的企业称为流程制造型企业、离散制造型企业。例如，加工石油、钢铁等产品的企业属于流程制造型企业，加工飞机、船舶、电子设备、机床、汽车等产品的企业属于离散制造型企业。

美国前总统克林顿根据美国国际贸易委员会和商务部的资料，认为美国80%以上的出口、90%的专利和研发经费都来自制造业。同时，制造业还是工作岗位的倍增器，每一个新的制造业工作能创造4.6个附带工作（2013年）。英国政府认为，制造业是一个国家实体经济的基础、重要的就业市场（相对其他产业，这个就业市场集中了高质量人才），同时制造业也是创新的主要领域和国际竞争力的主要体现。日本经济产业省等发布的2018年《日本制造业白皮书》认为，制造业的产业影响力系数[①]为2.13，比全部产业的总体影响力系数1.93（服务业为1.62）有显著提高，对其他产业波及度和影响力相当大，并且在一定程度上扩大了社会的就业。

---

① 引用定义，产业影响力系数：反映国民经济某一个部门增加一个单位最终使用时，对国民经济各部门所产生的生产需求波及程度。系数越高，说明其对国民经济的推动力越大，是国民经济中的主导产业。

中国工程院认为在我国众多产业中，制造业是产业主体，因此是我国国民经济重要的物质基础，在我国国家工业化和现代化建设的过程中，制造业是骨干力量，制造业的发展水平代表着国家综合实力，如经济实力、科技实力、国防实力等。强大的制造业也是国家安全的重要保障。制造业在我国国民经济中占有相当大的比例。

2001年以来，第二产业（工业和建筑业）在GDP（国内生产总值）中的比重平均约为44.60%（第一产业10.24%，第三产业45.16%），2015年，第三产业在国内生产总值中的比重首次超过50%。制造业在第二产业中的比重常年保持在70%左右，制造业在GDP中的比重常年保持在30%左右[1]。

2010年，中国制造业从业人员超过8 391万人，占当年全国就业人口的11.03%。近10年来，制造业从业人员在全国就业人口中的比重基本保持在10%左右，吸纳了相当部分的劳动力[2]。制造业从业人员受教育程度普遍较高，布鲁金斯研究所（2015）认为，美国制造业中超过35个行业，其高学历从业者[3]比例超过全国水平，在21%以上。制造业在一定程度上发挥国家STEM工人储备库的功能，从航空航天工程师到软件开发人员、材料工程师、电厂工作人员、机械工程师、熟练技师等，STEM工人持续为制造业创造并应用创新发明。在制造业的专业领域，熟练的技术人员生产、安装、维护、修理产品和机器，促进企业占领市场，减少产品缺陷，打造工艺创新，提高生产率，训练有素的工程师和技师们为美国制造业活动始终处于前沿提供了有力的支撑。德勤《2016年全球制造业竞争力指数》统计认为，2015年仅美国制造业就比其他任何行业创造的就业机会都多，雇用了1 230万工人并额外给其他行业带来了5 660万人的就业。制造业也创造高收入的工作岗位，美国制造业工人2014年的平均

---

[1] 资料来源《中国统计年鉴—2016》。
[2] 资料来源《中国统计年鉴—2019》。
[3] 按照布鲁金斯研究所的定义，高学历从业者主要指拥有科学、技术、工程、数学（science technology engineering mathematics, STEM）等学位的技术工人。

工资一般为 79 553 美元，而其他行业的平均工资为 64 204 美元。

2.3.2 制造业创造的经济福利综述

改革开放以来，特别是 2000 年以来，中国制造业产值年均增长速度在 20% 以上，成为拉动国民经济的第一支柱产业。2010 年以来，我国制造业总体规模（制造业增加值）已居世界第一位，并培育出一批大型企业集团，实现了"制造大国"的目标，但与工业化发达国家横向对比，制造业产生的社会福利，存在不小差距。下面对制造业创造的经济福利从正反两个方面进行说明。

1. 成就方面

（1）制造业产业规模扩大。2000 年以来，中国制造业规模总量快速增长，已经居世界第一位，在 500 多种主要的工业品中，中国有 220 多种工业品产量居全球第一位。2015 年，全国工业增加值达到了 23.52 万亿元人民币，占我国国民经济的比重超过了 34.31%，而工业制成品出口商品量占出口总额的 95% 左右。中国一直保持较高的增长速度，2010 年，中国制造业增加值达到 1.925 万亿美元，超过美国（1.760 万亿美元，现价美元）居世界第一位。

制造业总产值由 2000 年的 73 924 亿元增长到 2011 年的 733 984 亿元，年均增长 23.2%；制造业增加值由 2000 年的 19 396.51 亿元增长到 2015 年的 235 183.5 亿元，年均增长 18.1%；制造业主营业务收入由 2000 年的 70 602 亿元增长到 2015 年的 992 674 亿元，年均增长 19.27%；制造业利润总额由 2000 年的 2 714 亿元增长到 2015 年的 57 975 亿元，年均增长 22.64%。

（2）主要行业增长表现迅速。以截止到 2014 年的制造业主要行业产值为例，2000—2014 年制造业各行业均实现了较快增长，其中部分行业实现了高速增长，有 8 个行业年均增长率超过 25%，21 个行业超过 20%。其中，重工业增长速度明显快于轻工业，在年均增长率超过 25% 的 8 个行业中有 5 个重工业，包括有色金属冶炼及压延加工业、黑色金属冶炼及压延加工业、普通机械制造业、专用设备制造业、交通运输设备制造业。

（3）制造业增加值占世界制造业的比例不断提升。2013年，我国制造业增加值达到了29 225.16亿美元，占全球制造业增加值的比重为25.77%，较2000年的7.04%提高了18.73个百分点。我国制造业出口占全球制造业出口总额比重由2000年的4.75%上升到2014年的20.92%，提升了16.17个百分点[①]。目前，我国的钢铁、水泥、煤炭、服装、彩电、手机、汽车等主要工业品产量均居世界第一位。25年来，中国制造业出口占本国商品出口（manufactures exports of merchandise exports）的百分比一直持续上升，2014年达到94%，较1990年的71.5%提高了22.5个百分点。

（4）形成优势产业和名牌企业。我国多数产业竞争力自进入21世纪以来得到显著提升，并已形成若干与工业发达国家先进水平接近的优势产业，其中通信设备、轨道交通、工程机械行业的国际竞争力已处于世界前列。以21世纪后的第二个十年发展为例，2001—2016年，我国电信设备出口额由81.4亿美元跃升至862.5亿美元，出口份额由3.9%增长至37%，一跃成为通信设备制造业第一出口国。2015年，我国通信设备制造企业华为整体业务收入超过608亿美元，在全球五大通信厂商中独占鳌头（第二位的爱立信为294亿美元），业务收入占全球通信设备制造企业业务收入的48%。2017年6月，华为手机出货量超越苹果，成为仅次于三星的第二大智能手机制造商。在市场占有率上，华为超过5.5%，中兴全球市场占有率提高到4.7%，超过索尼[②]，居第四位，远远超过了LG和HTC（宏达国际电子股份有限公司）等著名品牌。2012年，中国北车、中国南车集团分别以146.96亿美元、143.82亿美元的销售收入位居全球轨道交通装备第一和第二。世界品牌实验室发布的2013年《中国500最具价值品牌》排行榜显示，中国南车位列第53位，全球轨道交通知名企业

---

① 数据来源：世界银行数据库。
② 数据来源：国家质量监督检验检疫总局牵头的中国工程院"制造质量强国战略"研究课题组，2017。

进入500强的只有GE（通用电气公司）、西门子、庞巴迪和中国南车4家。据英国工程机械咨询有限公司对世界区域工程机械销量的统计，2012年中国工程机械销量达到29万台，产品销量国际市场占有率连续两年全球第一。2012年发布的全球工程机械制造商50强排行榜中，中国有9家工程机械制造企业榜上有名[①]。

（5）大企业集团数量不断增加。2000年《财富》杂志公布的世界500大企业中，中国内地企业有10家，其中属于制造业领域部分的只有中国石化集团公司和中国石油天然气集团公司2家。而2014年公布的世界500大企业中，中国有100家企业入围，属于制造业领域的有49家（含香港、台湾地区）。产品出口结构方面，2015年，我国制造业产品出口额占全球制造业产品出口额的比重为18.45%，相较2000年的3.78%提高了近15个百分点。1980年，我国出口商品中，初级产品出口额占出口商品总额的50.3%，工业制成品出口额占出口总额的49.7%；而到2000年以后，工业制成品的该项比例上升到90%以上，初级产品比例则相应下降到10%以下[②]。到了2022年，该项比例分别为超过95%和5%以下。正向发展，态势良好。2020年以来，我国优势产业、"小巨人"企业和名牌企业数量进一步增加。2022年世界经济在疫情中重启，中国（含香港、台湾地区）500强公司数量持续增长，达到145家，数量继续位居各国之首。产品出口结构方面，以2000年、2015年和2022年三个时间节点为例，我国制造业产品出口额占全球制造业产品出口额的比重分别为3.78%、18.45%和19.11%。

（6）经济效益稳步增长，总体制造业产品质量和创新能力有一定程度提升。我国制造业的经济效益呈现稳步上升的态势，如劳动生产率从2000年的4.35万元／人·年大幅提高到2012年的20.19万元／人·年，提高到4.64倍，到2022年则达到了28.36万元／人·年。销售利润

---

① 数据来源：英国工程机械咨询有限公司2013年对世界区域工程机械销量统计。
② 数据来源：世界银行数据库。

率从 2000 年的 3.8% 增长到 2012 年的 6.4%，提高了 2.6 个百分点，到 2022 年则达到 4.82%。

张纲认为，2000 年以来，我国制造业产品质量进一步提高，水平持续提升，不少企业整体素质和管理水平有了较大幅度提高，不少产品质量的关键指标持续提高，形成了一批具有较强竞争力、引领制造产业发展的制造业企业。据国家市场监督管理总局统计，我国制造业质量竞争力指数从 1999 年的 75.95% 提高到 2015 年的 83.51%，产品质量监督抽查合格率从 1999 年的 76% 上升到 2015 年的 86%[①]，部分重大装备如航空航天装备，消费类如汽车制造、医药制造及高新技术类产品如电气机械、通信和其他电子设备制造的质量达到或接近发达国家水平。

随着企业自身能力的增强和竞争压力的加大，我国制造业企业已将更多的资金和人力投入研究开发活动中，投入强度和技术积累有了明显提升，企业创新能力也大幅提高。2012 年，我国制造业规模以上企业研发经费（R&D）为 6 850.5 亿元，研发投入强度为 0.85%，超过了当年我国规模以上工业企业 0.77% 的研发投入强度。2012 年，我国制造业规模以上企业研发人员投入占从业人员比例为 0.15%，相较 2000 年的 0.05% 有了大幅度提升。

2. 差距方面

（1）人均制造业增加值低。制造业是人们财富和收入的重要来源之一，制造业引起的产业辐射效应可以使其他产业（如服务业）获得良性发展。制造业增加值是制造业企业在报告期内以货币表现的生产活动的最终成果，是附加在劳动对象上的价值，反映了一个国家的经济实数和发展速度。尽管中国制造业增加值总量处在世界第一位，但中国有庞大的人口基数，人均制造业增加值较低。通过比较美国、德国、日本、英国、法国、韩国 6 个主要工业化发达国家和中国、巴西、印度 3 个发展中国家可知，日本和德国人均制造业增加值 20 多年来一直位列前两位，美国、英国和

---

① 数据来源：国家市场监督管理总局网站。

法国其次,韩国在该指标上的表现优异,一直处于快速攀升状态。中国低于巴西,两个国家保持相同的缓慢上升态势。相关联的一个指标是劳动生产率也不高。中国制造业的劳动生产率从 2000 年的 4.35 万元/人·年提高到 2012 年的 20.19 万元/人·年,年均增速达到 13.65%,但仍远低于发达国家 10 万~20 万美元/人·年的数值,增速也低于制造业增加值(年均约 20%)的增长速度。

(2) 制造业增加值率低,经济效率不高。制造业增加值率是指在一定时期内制造业增加值占同期制造业总产值的比重,用来反映降低中间消耗的经济效益。该指标越高,则生产耗费越低,新创造的价值越高,是衡量经济效益的一项重要指标。2015 年,我国制造业增加值率为 21.36%,比 2000 年的 26.24% 下降了 4.88 个百分点,而美国、德国、日本等工业化发达国家的制造业增加值率超过了 40%。我国制造业在产业结构上具有较多的低附加值产品,如纺织品、服装、鞋类、玩具以及家电、电器元件、机电产品等;同时在个别高新技术产品上,存在较为普遍的来料加工、来件组装等现象。这是我国多年来制造业过度依赖资源和资金的大规模投入,发展方式粗放的现实带来的必然后果。

(3) 产品质量和技术标准水平不高。近年来,我国制造业产品质量国家监督抽查不合格率总体仍在 5%~10%,体现的是关键零部件可靠性低,内部质量不够稳定,精度保持性和可靠性低,平均寿命仅为国外同类产品的 1/3~2/3。制造业质量损失近年来还呈现出快速上升的趋势,2002 年,我国工业品产品损失为 365.6 亿元,到 2012 年达到 2 829 亿元,年均增长达到 22.71%,2013 年和 2014 年每年造成的直接损失达到 3 000 亿元,由此造成的机会成本、过度成本等潜在间接损失超过万亿元。我国制造业质量基础相对薄弱,产品质量和技术标准整体水平不高。世界知名品牌数量与制造大国的体量不相称,产品处于"贴牌大国、品牌小国"的尴尬境地。近些年来,我国出口产品召回问题不断。2012 年,欧盟 RAPEX[①] 对华

---

① 欧盟非食品类快速预警系统,欧盟消费品安全监控系统。

发出通报1 118起，占欧盟通报总数的57.93%。美国CPSC[①]共对华发布不安全产品召回通报174批次，在总召回批次中所占比例高于前三年，达到65.17%，2022年，美国CPSC共发布来自中国的产品（消费品）157例，占美国CPSC召回总数的53.6%，出口产品质量问题严重影响我国制造业的国际形象。

（4）制造业的"四基"发展不足。"四基"主要包括关键基础材料、核心基础零部件（元器件）、先进基础工艺、产业（共性）技术基础。"四基"发展现状是不少关键基础材料依赖进口，一些核心基础零部件（元器件）研发落后，不得不从其他国家进口，基于历史的原因，先进基础工艺缺少研究、无法满足产业应用需求，不少产业的技术基础比较薄弱、服务体系极不健全。在"四基"发展方面，自主创新能力不强，成为提升与增加制造业发展质量和效益的瓶颈。连续多年，我国集成电路进口额超过2 000亿美元（2018年进口额为2 371亿美元），超过了石油进口额，但是我国芯片产业长期受制于人。以手机芯片为例，国内自主生产的只占市场的20%，高端集成电路依然无法破局。

（5）中小微制造企业发展规模与效益不匹配。2018年，第四次全国经济普查资料显示，中小微企业总量规模不断扩大。2018年末，我国中小微企业法人单位1 807万家，占全部规模企业法人单位的99.8%。中小微企业吸纳就业作用明显，2018年末，吸纳就业人员23 300.4万人，占全部企业就业人员的比重为79.4%，比2013年末增加1 206.8万人，增长5.5%。中小微企业以非公有制企业为主体，多数为私营企业。截至2018年末，私营中小微企业单位数为1 526.5万家，占全部企业的84.4%。其中，制造业领域的中小微企业单位数为324.3万家，占比为17.9%。制造业企业占比有所回落，比2013年末下降了8.7%。

（6）资源利用效率和行业信息化水平低。国务院2012年印发的《节

---

① 美国一个重要的消费者权益保护机构，是Consumer Product Safety Commission的缩写，即消费品安全协会，CPSC现在负责对超过15 000种消费品的安全监控。

能减排"十二五"规划》指出,中国国内生产总值约占世界的8.62%,但能源消耗占世界的19.36%,单位国内生产总值能耗仍是世界平均水平的2倍以上[①]。2000年以来,全国钢铁、建材、化工等行业对大气的污染越来越引起政府和民众的关注,在大力治理下效果仍不佳,其单位产品能耗跟国际先进水平相比,仍然高出10%~20%。造纸行业大部分企业吨浆纸综合能耗平均约为1.38吨标准煤,而国际先进水平为0.9~1.1吨标准煤。机电产品中量大面广的燃煤工业锅炉运行效率约为65%,比国外先进水平低15%~20%。传统行业信息化水平不高,我国大部分地区和行业的信息化仍处于以初级或局部应用为主的阶段,且不同地区、行业及不同规模企业间信息化水平尚存在明显差距,发达国家已开始步入以智能化、网络化应用为特点的制造业与信息技术深度融合的新阶段。我国制造业两化融合尚处于低级阶段,生产效率明显低于信息技术应用成熟的发达国家。

(7)存在制造业体制和机制障碍。宏观决策和统筹协调机制不完善。我国与制造业有关的国家主管部门,主要有国家发展和改革委员会、工业和信息化部、财政部、科学技术部、教育部、国家国防科技工业局、国家能源局、生态环境部等,通常每个部委都有自己的中长期目标、资源配置和支持重点,部门之间动态的沟通和调整机制较为薄弱,这也是科层体制横向协调的通用弊端,很容易出现政出多门的现象。制造业资源投入过于分散,不利于形成合力。另外,李晓华认为中央和地方分权体制下,中央和地方的利益目标通常会存在一定的差异,导致地方政府选择性执行中央政策。同时,地方政府之间地区生产总值竞争和追求政绩的短期效应,促使制造业落后产能形成,加剧了重复建设和产能过剩问题。侯永志认为,地方需要竞争,国外也有类似情况(如美国各级州和地方政府之间也存在竞争),但竞争应有一个统一的、规范的平台,在公平的政策环境中、在

---

① 国务院关于印发节能减排"十二五"规划的通知,国发〔2012〕40号。

统一的市场中竞争，不能影响总体布局和整体效益，同时我国的产业发展过程中存在区域分工和协调机制缺失现象。

2.3.3 主要工业化国家制造业产业策略综述

20世纪末期，在激烈的国际竞争和全球化背景下，发达国家由于生产成本较高，大量的一般制造业不再具有竞争优势。工业发达国家逐渐把利润较低的生产、组装环节转移到成本相对较低的发展中国家，国际制造业出现了产业转移的趋势。截至目前，全球制造业已经形成生产基地向发展中国家转移、生产体系在发展中国家复制的态势。发展中国家积极吸引和承接国际制造业转移，以促进本国经济发展。但发达国家保留着技术开发、产品设计、关键核心零部件生产、品牌和销售渠道等高端环节，而将生产、组装、加工等低端环节转移，发展中国家只能分享少部分增加值和微薄的利润。发达国家在资本、技术密集型制造业中仍具有绝对的优势。

2008年国际金融危机以来，实体经济的战略意义再次凸显，先进制造业的全球竞争越来越激烈，美国、德国等主要工业化国家针对本国制造业纷纷制定新的国家战略，力争提高产业层次、优化产业结构、培育新的产业体系，在新一轮的国际产业竞争中取得有利地位。近年来，西方主要发达国家的政府官员、科学家、工程师、未来学家和媒体提出了诸如"第N次工业革命"的概念，概念本身仍存在一些争议，但总体上存在若干共识。金融危机后，人们重新认识历史，认为实体经济、工业革命才是走出危机的切实途径，人们希望通过"第N次工业革命"等提法找到方向，并进一步提升实体经济的发展水平。将人工智能、机器人和数字制造技术相结合会发生一场制造业的革命，其实质与我国成立工业和信息化部的初衷不谋而合，即将工业和制造业与信息技术深度融合，同时寄希望于我国在新能源、新材料等方面的突破和制造业"四基"的发展而引发新一轮的产业变革。近年来，各主要工业化国家在制造业方面均提出了发展愿景，启动了若干发展本国制造业的国家计划，详述如下。

1. 美国"再工业化"和"制造业回归战略"

美国政府从战略高度重视制造业的发展。美国政府先后出台了一系列政策和专项计划以促进制造业发展,如《先进技术计划》《先进制造技术计划》《下一代制造——行动框架》《集成制造技术路线图计划》《鼓励制造业创新》和《2004年制造技术竞争能力法》等。2008年席卷全球的金融危机爆发后,奥巴马政府发布相关政策强调实施国家的制造业回归、"再工业化"战略,其目的是尽快摆脱美国经济对金融业和服务业的持续过度依赖,重新重视和振兴美国制造业,并依此重新振兴美国持续低迷的经济。奥巴马政府认识到制造业对拉动美国经济的重要意义,重视"美国制造"这个国家品牌,生产更多的美国制造商品,提升美国工人的就业率。2010年,奥巴马总统签署《制造业促进法案》拉开了美国"再工业化"的大幕。其中一个重大的举措是实施自动化,降低生产和流通成本,提高竞争力,重振传统制造业。美国政府发布了《重振美国制造业政策框架》,通过了《制造业促进法案》,并于2011年6月正式启动了《先进制造业伙伴(AMP)计划》。在此背景下,由美国80%的制造业厂商组成的美国最重要的行业协会——美国制造商协会(NAM)发布了《美国制造业复兴——促进增长的四大目标》报告。该报告提出了美国制造业复兴的目标,认为应从投资、贸易、劳动力和创新四个层面梳理美国制造业存在的不足并加以弥补提升,从制造企业发展的角度提出了推动美国制造业复兴的目标和建议。这些目标和建议主要包括如下内容。

在投资上,目标是在吸引外资上抢占高端制造业的世界制高点,制造业回归的对象是中高端制造业,低端制造业并不在回归之列,增加美国的就业,促进经济增长;在贸易上,目标是进一步开拓全球市场,在增量和存量市场上两端发力,保障向消费者提供相当比例的产品(报告中的目标是95%的消费者);在劳动力方面,注重美国制造业的各层次人才的可获得性,包括蓝领工人、工程师、高端经理人等,吸引国内外优秀人才;在创新方面,建议建立若干制造业创新研发中心,维持具有较高价值量的处于制造业产业链前端的研发和设计活动,继续在高端领域保持美国领先。

另外，该报告还对推进美国的能源政策、合理公正的法律改革、知识产权报告等方面提出了建议。

2. 德国工业4.0战略

德国政府一直重视制造业的发展，先后出台了《制造技术2000年框架方案》《2000年度德国综合技术创新能力报告》和《德国21世纪信息社会行动计划》等一系列政策，推进制造业的发展。第二次世界大战以后，德国制造业获得了快速发展，特别是21世纪前后，德国是公认的制造业发展最具有竞争力的国家，其制造业产品标准、从业人员的严谨程度获得世界最高的赞誉，这在很大程度上源于德国在创新制造技术方面的研究、开发和生产，源于其占据全球信息技术能力的显著地位，以及在复杂工业过程管理方面高度专业化等因素。

2008年席卷全球的金融危机以后，各国经济形势不容乐观，德国政府针对其制造业下一步的发展，迫切需要学术界和产业界共同研究与梳理目前发展优劣势和如何进一步发展制造业。2011年，在德国教研部和经济技术部的资助下，经由德国国家工程院（GAE）、弗劳恩霍夫（Fraunhofer）协会和西门子公司的专家与学者组成联合课题组，在2013年4月于德国汉诺威工业博览会上正式推出德国工业4.0战略。德国工业4.0战略的核心内容是提出了信息物理系统（CPS），寄希望于德国在新一轮工业革命中占据先机，提高工业和制造业的全球竞争力。经过几年的发展，德国工业4.0战略已经发展成为德国的国家战略，并且在全球多个国家产生了重大影响。该战略已得到德国科研机构和产业界的广泛认同，德国多家机械和装备制造业企业积极引入工业4.0概念，弗劳恩霍夫协会近10个下属研究所在其生产领域引入和实施工业4.0战略，德国西门子公司也已经着手推进智能工厂、工业机器人等技术措施和手段来提高其企业运营效率与产品利润。

3. 英国工业2050战略

英国是世界上众所周知的曾经最具有工业竞争力的国家，第一次工业革命起源于英国，其强大的制造业带给英国几百年的繁荣历史，并成就了日不落帝国的"美誉"。与美国对制造业的宏观政策类似，自20世纪80年代以来，随着信息技术的发展，英国金融和高端服务业在国民经济中的占比越来越大，在去工业化战略下，工业和制造业的比重越来越低，逐步将能源消耗量大、污染较严重的钢铁、化工产业向发展中国家迁移，2008年金融危机前，英国的制造业已经退回到约第十的位置。2008年金融危机后，英国政府开始注重制造业对国民经济的作用，并于2013年由政府科技办公室推出了《未来制造业：一个新时代给英国带来的机遇与挑战》(The future of manufacturing: a new era of opportunity and challenge for the UK)报告，希望提升英国的制造业竞争力，重铸曾经的辉煌，作为国家对制造业的发展战略，同年10月，英国政府推出了英国工业2050战略。该战略主要包括如下四方面内容：2008年的金融危机给英国经济带来近乎毁灭性的打击，以金融为倚重的服务业无法保持英国的国际竞争力。第一是应重新审视制造业对国家经济发展的拉动作用，促进制造业回归，增加制造业出口，降低失业率，带动国内就业。第二是致力于制造业人才培养。制造业人才的可获得性是制造业回归战略的重中之重，英国政府加大投入力度培养高素质制造业人才，如设计研发工程师、高熟练度的工人。第三是为了引进外资和技术，打造高端制造产业平台，英国注重开展制造业的基地建设。先进制造业基地不仅面向汽车、飞机等传统产业，还面向英国有望在世界领先的可再生能源和低碳技术等领域。第四是积极谋划和研究英国制造业的可持续发展。

4. 日本制造业白皮书

日本政府以制定法律的方式[①]，要求日本政府每年以"制造业白皮书"的形式向国会报告振兴本国制造业的相关政策措施。2015年6月，日本经济产业省、厚生劳动省和文部科学省合作发布了年度报告《日本制造业白皮书》，发表了《制造技术国家战略展望》，对促进制造业发展提出了多项政策措施。报告认为，日本尽管早已是制造强国，但制造业中新一代信

---

① 《制造业基础技术振兴基本法》(1999年法律第2号)第8款。

息技术的覆盖率远低于德国和美国，日本政府迫切需要在新环境下，对未来制造业产业发展方向进行探讨和定位。

报告认为，日本制造业在国民经济中占据重要位置。日本制造业具有高度集群化发展的特点，大量雇用当地的劳动者，日本各地制造业产品出库额和人均收入所得基本呈正相关，即产品出库越多、制造业越发达的地区人均收入越高。制造业的发展不仅有力地扩大了当地就业，还对增加收入具有重要的作用。同时，日本制造业在带动经济发展方面作用重大，2000—2011年，日本制造业经济增长率为1.5%，远高于非制造业的增长。但日本制造业也存在一些问题，如日元汇率不稳定、法人实效税率（企业所得税）高、对经济合作协议应对迟缓、劳动力不足、环境限制和能源成本高。2014年6月，日本政策投资银行对超过550家日本企业进行了"企业行动意识调查"，其中希望"稳定日元汇率""通过减免法人税等方式改善税制"和"调整能源稳定供求体制"的企业分别占到59.3%、57.3%和35.9%，位列前三。

随着传感技术和数据处理能力的日益进步，物联网、大数据将带动整个制造业发生重大变革。与其他国家相比，日本制造业是以节约劳动成本、节约能耗为研发应用的中心，以此改善劳动生产率。尽管日本也将很多智能化工具运用到生产过程中，但相比较而言，对智能化推广并不积极。报告认为，日本如只固守提升技术而不对新的商业模式进行变革的话，必将在国际竞争中丧失竞争力。因此，日本制造业必须彻底转变方向，政府要成为引导企业转变意识的领导，营造大环境。

2013年6月，日本内阁颁布《日本再兴战略》，12月颁布了《产业竞争力强化法》，日本政府以法律的形式致力于重振日本强大的制造业，加大科技研发的投入和保护力度，强化世界通用的认证基础，推进战略性国际化标准，促进高水平日本工业标准的建设；推进节能和新能源产业的发展，包括新能源汽车等。另外，为应对经济环境的变化，加强对中小企业的培育，对中小企业开展的新商品研发或生产、新服务的研发或提供、商品的新生产或销售方式的引入、服务的新提供方式引入等，为支持一定程度的提升经营能力的革新，采取一系列措施，包括金融机构的融资优惠、信用保险的特例支持、海外拓展的业务扶持和青年人才的海外见习派遣。最后日本政府注重人才的培养，包括在中小学教育、高等教育和职业教育中对制造业人才的培育。

在各国制造业激烈的国际竞争与合作中，需要切实了解一国制造业整体的发展水平并进行科学评估。如何从整体角度评价我国制造业发展的水平，既能够突出发展的优势和成就，又能够体现与先进工业化国家存在的差距，传统的指标体系评价方法缺少主观性和客观性的有机融合，从经济福利视角来探索制造业产业竞争力的评价是一个很好的切入点。

2.4 本章小结

对制造业产业竞争力的分析范式和理论模型的研究至今仍是产业国际竞争力研究的基础性课题之一。从现有的文献来看，本书关于产业竞争力、产业竞争力评价指标体系、福利经济视角下的制造业产业发展的文献研究、统计资料分析和综述，可以总结为以下三点。

1. 用经济学理论解释产业竞争力尚没有达成明确的共识

经济学界认为，产业竞争力研究应充分纳入经济学体系中，用经济学理论来解释现实中的竞争现象，并形成产业竞争力理论，但目前这种美好愿望依然存在一定的挑战。其总体原因是，经济学具有不同的学派、分支和学科，每个部分都可以对产业竞争力研究发挥作用和作出贡献，而经济学不同的分支学科和学派，其假设前提、应用背景、分析工具各有优势和缺点。因此从目前的研究结论看，在经济学领域尚未达成较为明确的共识。

经济学对于产业竞争力的定义尽管存在一定的差异和争议，但归纳其基本内涵，结合本书问题的提出，笔者认为：制造业产业竞争力即是一国（或地区）通过在国际市场上销售其制造业产品（和服务），同时又能提高本国人民生活水平、增进社会福利、具有可持续性的发展潜力，且能保障产业安全而反映的整体生产力。

2. 经济福利视角为制造业产业竞争力评价研究提供了新的分析范式

经济福利视角可归纳为如下13点内容：① 经济福利依存于市场环境之中，公平的市场环境与经济福利息息相关；② 政府对提升经济福利有社会公共责任；③ 产业发展要保护资源和环境，有利于提升经济福利；④ 产业发展保护劳动者利益，有利于提升经济福利；⑤ 产业发展提升劳动者人力资本竞争力与提升经济福利具有一致性；⑥ 产业总规模促进经济福利；⑦ 产业人均规模促进经济福利；⑧ 生产资源的有效和最优配置促进经济福利；⑨ 产业本身的生产、营销、服务能力和经济福利息息相关；⑩ 产品和产业的质量促进经济福利；⑪ 产业的国际贸易和扩张能力与经济福利息息相关；⑫ 产业结构最优化促进经济福利；⑬ 追求本国利益不以伤害其他国家为前提的竞争共同促进了经济福利。

产业竞争是一种特殊的博弈，本书源于对竞争对抗性固有缺点的认识，以及目前业已存在的制造业评价指标体系存在的问题，为了适应当今复杂的国际、国内产业政治经济环境，认为：基于福利经济视角，制造业产业竞争不是"有你没我"、打败对方的零和博弈，而应建立一套相对公允的标准，基于国际分工、产业互补、社会福利的最大化，通过建立科学合理的评价体系，审视各自存在不足的产业和要素，做到"查漏补缺"，不仅要重视内部合作、产业结构的调整、整体产业质量的提高，更要重视国际的竞合关系（不仅仅是竞争）；不仅要补充产业上的短板，也要增加有竞争力的产业长板；为其他的资源要素营造可持续的发展环境。基于此，国家（或地区）层面的产业决策，以提高社会福利、维护产业安全为最终目的。

3. 从经济福利视角观察制造业产业发展的成绩和差距

制造业直接体现了一个国家的生产力水平，制造业竞争力水平的高低也反映了服务社会经济福利的能力。改革开放以来，从经济福利视角观察制造业产业的发展，在产业规模总量优势、优势行业、大企业集团、整体效益上存在不小进步，但在人均水平、某些产品质量效益、高端装备制造业、产业结构和布局、环境保护上服务于经济福利依然存在较大的进步空间。如何将产业内部要素、外部要素、环境要素有机综合起来，形成描述制造业产业竞争力的合理架构，测量并进行国别比较评价，是本书的主要任务。

本书第 2 章依据相关文献和资料的研究成果，建立了基于经济福利视角进行制造业产业竞争力研究的逻辑起点，为后续的研究夯实了理论和实践探索的基础。

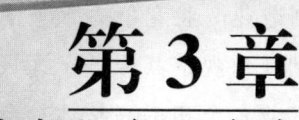

第 3 章 制造业产业竞争力反映机理模型的构建与假设

为了更准确地解释基于经济福利视角的制造业产业竞争力，本章将在借鉴现有研究成果的基础之上，提出制造业产业竞争力反映机理模型，并依据该模型提出产业竞争力反映机理的研究假设，这些假设将是本书后续研究的基础。

3.1 制造业产业竞争力反映机理模型的理论背景

基于前文分析，制造业产业竞争力的定义和内涵为：制造业产业竞争力是一国（或地区）通过在国际市场上销售其制造业产品（和服务），同时又能提高本国人民生活水平、增进社会福利、具有可持续性的发展潜力，且能保障产业安全而反映的整体生产力。笔者认为产业竞争是一种特殊的博弈，产业竞争力研究应是建立一套相对公允的标准，基于国际分工、产业互补、社会福利的最大化，通过建立科学合理的评价体系，审视各自存在不足的产业和要素，做到"查漏补缺"，不仅要重视内部合作、产业结构的调整、整体产业质量的提高，更要重视国际的竞合关系；不仅要补充产业上的短板，也要增加有竞争力的产业长板；为其他的资源要素营造可持续的发展环境，以提高社会福利、维护产业安全为最终目的。整个研究经历本书已经在第 2 章进行了整理、分析和归纳。

制造业产业竞争力水平的高低程度,以及在产业发展过程中,从经济福利视角观察其服务于人民生活水平的提高、国际的产业竞争、维护国家产业安全和提高整体社会发展水平的作用机理。这一系列的作用过程和作用机理,作为研究者无法直接衡量(测量)其真实的整体情况(只能通过个别指标来反映某个层面的问题,如 2.3.2 节所分析),所以通常会采用某些替代指标来反映,这是管理科学研究方法中所普遍采用的,也是一个切实可行的解决办法。为了达到研究目的,本书将利用系统论的方法开展经济福利视角下制造业产业竞争力对人民生活水平提高、国际产业竞争、维护国家产业安全和提高整体社会发展水平的作用机理研究。

系统论是美国生物学家 L. 冯·贝塔朗菲(L. Von. Bertalanffy)在 20 世纪 30 年代提出的,该思想方法影响了当代许多学科领域,尼克拉斯·卢曼(Nicklas Luhmann)将其引入社会学的研究,使其成为社会学问题研究的重要方法之一。系统是许多要素保持有机的秩序,向同一目的行动的总体,包括主体、环境、主体与环境的关系三个主要方面。薛澜认为,对产业竞争力的研究,可以视其为一个复杂系统,用系统论的方法来解析产业竞争力。通常情况下,用系统论的方法对产业竞争力进行分析,基本思想是把产业竞争力这个研究和处理的对象看作一个整体系统,分为系统主体、环境、主体与环境的关系三个部分来分析和对待。然后从整体出发,研究产业竞争力的整体和组成整体各要素的相互关系,从本质上说明产业竞争力的结构、功能、行为和动态等要素,从而把握系统整体,达到最优的研究目标。

综上所述,本书利用系统论的方法将基于经济福利视角的制造业产业竞争力看成一个特殊的产业竞争力系统,此时产业竞争力系统研究框架如图 3-1 所示。

从本书定义的研究视角,产业竞争力研究是探索产业经济活动对一国人民生活福利的影响,说明如何能实现一国人民短期福利和长期福利的增

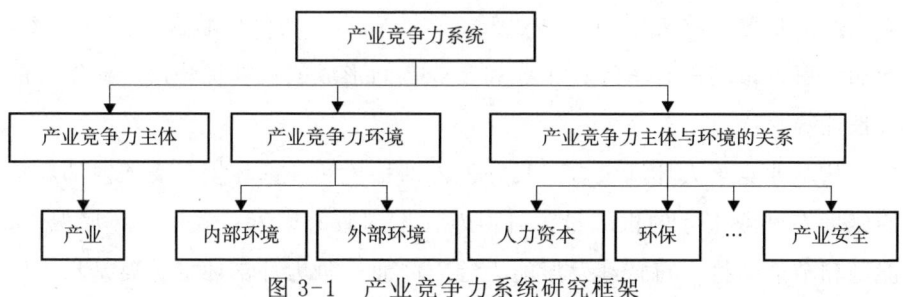

图 3-1 产业竞争力系统研究框架

长与最大化,因此从管理学的视角,产业竞争力的对象和主体是产业。通常情况下,产业竞争力的环境都会从内部和外部两个方面展开研究,本书遵循前人的研究方式,也将产业竞争力环境分为内部环境和外部环境并分别展开研究。而基于第 2 章关于产业竞争力相关的理论综述,产业竞争力主体与产业环境之间的关系,即是主体与内部环境之间的关系,以及主体与外部环境之间的关系两个部分。在具体的研究过程中,本书将分别找到"产业竞争力主体""产业竞争力环境"以及"主体与环境的关系"的主要表达要素,并以此为基础,进一步找到"产业与经济福利"互相作用的有关反映要素,进而探索归纳反映"基于经济福利视角的制造业产业竞争力"的替代指标。

纵观国内外学者关于如何反映"产业竞争力"的研究成果,有的关注"工业产品国际贸易营收和利润"与产业竞争力的反映关系,有的关注"产业发展的社会基础"与产业竞争力的反映关系,有的关注"区域资源禀赋下的制造业产品优势"与产业竞争力的反映关系,更多的研究侧重于强调"生产效率优势、要素驱动"与产业竞争力的反映关系(大部分的比较优势理论和竞争优势理论)。尽管国内外众多学者从各个层面对如何反映"制造业产业竞争力"进行了研究,但是目前为止针对经济福利视角下如何反映制造业产业竞争力的研究却非常薄弱,这显然无法适应和解释当今制造业产业发展、国际贸易的竞争比较的现实状况。

结合文献研究,从产业竞争力主体来看,反映产业的维度有:产业规模、产品质量、产业质量、产业效益;企业本身的经营状态,如利润率、增加值率、市场占有率等;企业和企业之间形成的集群优势,产业结构的合理性等。

从产业竞争力环境来看,其分为内部环境和外部环境。反映内部环境的维度有产业人才的供应量、可得性、本国政府因素、政策、环境保护、能源和节能减排、可持续发展能力等。产业竞争力外部环境主要是指国际竞争环境和一些不可抗力因素,这包括两个部分的情景,即产业处于"和谐"的国家间贸易和竞争环境中,且基本不存在(贸易)战争、自然灾害、重大疫情的状况,这是本研究的静态假设。但实际上这种理想状态通常是不存在的,第二部分的情景是考虑到产业发展的实际和国际竞争,而存在的"不和谐"因素,例如,20世纪50年代以来,在国际贸易中,中国产业由于制度、地缘政治、历史发展等各种特殊因素,一直处在非公平的贸易夹缝中,1949年成立的针对社会主义国家实施禁运和贸易限制的巴统[1],1996年开始的瓦森纳协定,各种国家间人为的贸易壁垒,再加上美国一直行年有效的长臂管辖(long arm jurisdiction)等政府非正常干预措施的影响,当然这部分外部环境也包括其他国家的非理性行为、战争、自然灾害、疫情等对产业造成的影响。

从产业竞争力主体与环境的关系来看,其分为与内部环境的关系和与外部环境的关系。前者的表征维度同样包括:内部环境影响造成的产业效益、效率的变化;人力资本的形成、可得性,劳动力素质的提高,信息化程度等;与本国政府因素的互动形成的政策措施、环保措施和节能减排因素要求等。传统的产业竞争力研究领域偏重于从产业竞争力主体与外部环境的关系角度进行分析和延伸。

产业竞争力系统,基于"主体""环境"和"两者之间的关系",可以分解到各自的表征维度。各表征维度之间的因果、递进关系不仅决定了国别之间产业竞争力水平的高低,也决定了产业经济服务本国人民福利的能

---

[1] 巴黎统筹委员会(Coordinating Committee for Export to Communist Countries)。

力。从测量归纳视角,结合田野考察法,与来自制造业产业理论、产业运行和产业管理界有代表性的资深专家进行座谈,如中国工程院长期关注我国制造业发展并进行持续研究的朱高峰院士、周济院士、柳百成院士、陆燕荪院士,制造业管理领域的朱森第、屈贤明、陈劲、余晓辉等课题组专家。按照前人的研究成果,本书将这些维度按照其特性和功能归类,基于可测量的研究目的(是否可真正测量要经过规范的统计验证),分解为三个部分,即产业发展的当前状况及要素评价、产业发展的未来状况及要素评价、产业发展的影响因素及评价,归纳起来即是"产业现状实力表征要素""产业发展潜力表征要素"和"产业环境优势表征要素"三个部分,如图3-2所示。

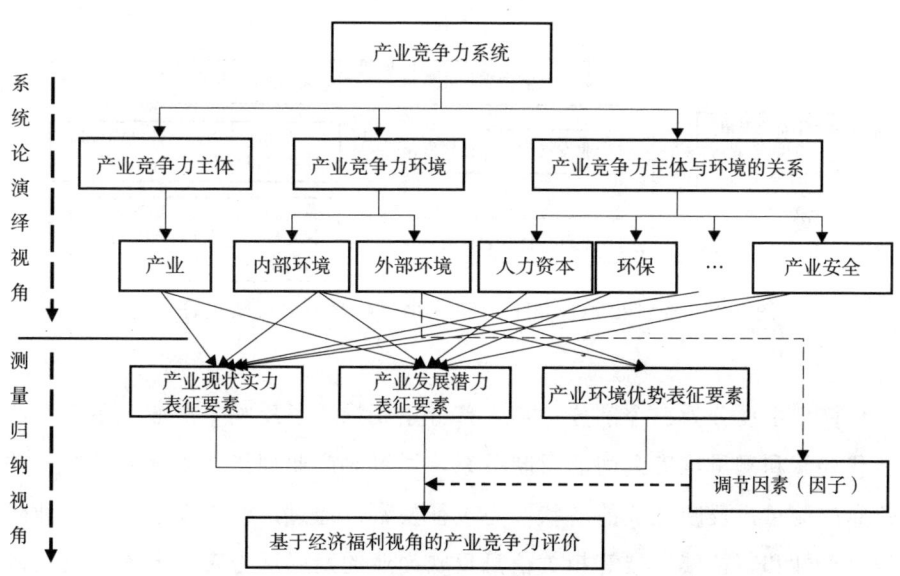

图 3-2 系统论演绎视角和测量归纳视角的产业竞争力评价架构

其中,当前状况及运行要素表征产业发展的"显性"一面,例如,产业规模状况、有什么样的绩效等;未来状况及要素评价表征产业发展的"隐性"一面,例如,驱动产业发展的内部因素和外部因素等。产业发展的影响因素主要是指政府政策、资源禀赋和其他因素给产业发展提供的机会,在这里,这个机会是正面的且"和谐的",负面的影响因素将作为调节因素(因子)存在。

3.2 制造业产业竞争力反映机理模型

本书在总结国内外有关竞争力历史研究结论的基础上,用系统论的分析方法,基于管理科学研究中对概念进行测量的逻辑思路和流程,构建了经济福利视角下的制造业产业竞争力反映机理模型,如图3-3所示。

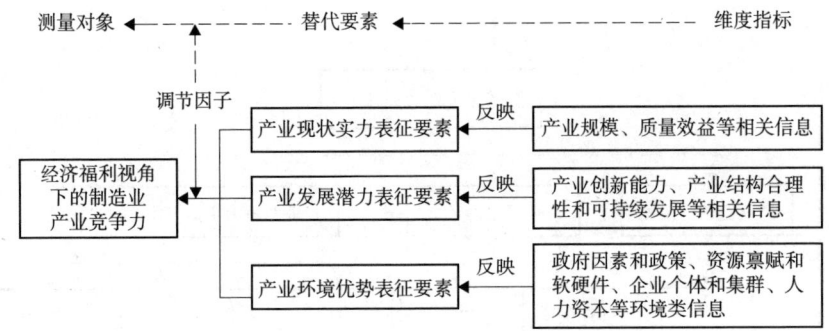

图3-3 经济福利视角下的制造业产业竞争力反映机理模型

模型主要分为三个部分:第一部分主要描述了反映"产业竞争力"的替代要素和测量维度之间的反映关系,通过对产业规模、质量效益等相关信息的测量,反映产业的现状实力表征要素;通过产业创新能力、产业结构合理性和可持续发展等相关信息反映产业的发展潜力表征要素;通过政府因素和政策、资源禀赋和软硬件、企业个体和集群、人力资本等环境类信息反映产业环境优势表征要素。第二部分通过产业现状实力表征要素、产业发展潜力表征要素和产业环境优势表征要素来反映"经济福利视角下的制造业产业竞争力"这个概念。第三部分描述了调节因素(因子)对所有反映关系的影响,在产业竞争力的实际分析中,通常是指一国(或地区）所面临的"外部环境"中的"不和谐部分"。

至此，本书构建了经济福利视角下制造业产业竞争力三个方面的支撑维度和替代要素，包括产业现状实力表征要素、产业发展潜力表征要素、产业环境优势表征要素。制造业产业实力为社会福利提供了现实基础，制造业产业的发展潜力为社会福利提供了未来保障，制造业产业环境优势与社会福利经济互相促进和成长。

3.3 制造业产业竞争力反映机理模型的研究假设

产业现状实力表征要素、产业发展潜力表征要素、产业环境优势表征要素三者反映了在经济福利视角下制造业产业竞争力水平的高低，通过替代要素，得出了产业竞争力与①制造业"产业规模、质量效益等相关信息"，②制造业"产业创新能力、产业结构合理性和可持续发展等相关信息"，③制造业"政府因素和政策、资源禀赋和软硬件、企业个体和集群、人力资本等环境类信息"等有紧密关联的初步结论。如果某个国家（或地区）制造业产业竞争力比较强，则应对上述①②③施加正相关的影响；反之亦然。本节将基于此对测量要素①②③进行进一步分析，提出制造业产业竞争力反映机理模型的研究假设，并在后续章节进行假设检验，通过检验才能证明反映模型的科学性。

3.3.1 制造业产业竞争力与产业实力要素

竞争力内生比较优势理论认为，规模优势且专业化的分工是产业国际竞争力的来源，克鲁格曼提出的规模优势理论证明，即使不存在要素禀赋差异，一国（或地区）一旦出于规模经济之目的形成专业化生产，规模经济效应就会进入良性循环，一国（或地区）通过专业化生产将获得规模报酬递增带来的规模优势。产业国际竞争力不是来自既有的比较优势，而是来自人为培育并具有内在自我增强能力的规模经济。从政府管理角度，朱高峰、周济等专家认为，中国是世界上人口基数最大的国家,从产出角度制造业规模体现了制造业产业体系的完整性及其程度,规模总量是国家"强盛"的基础,当然也要考虑人均制造业规模的因素,这体现了制造业的效率和效益,人均规模产出高的国家,其制造业产业为社会提供福利的能力更强。从国际专业化分工与产业竞争力的影响关系入手,胡昭玲发现,国际垂直专业化通过拓展比较优势范围、实现规模经济效应和促进技术扩散三个渠道提升发展中国家的产业竞争力。

产业质量和效益展现了生产绩效上的制造业比较优势,体现为具体的产品质量、技术标准、生产组织方面的效率和产出能力。中国制造业产品质量国家监督抽查不合格率总体仍保持在5%~10%,关键零部件与国外同类产品相比可靠性低,内在质量不稳定,精度保持性和可靠性低。效益反映了产业运行绩效,包含产业的效率因素等。

针对以上分析,本书提出以下假设。

H1:产业规模优势及其经济效应可以影响制造业产业竞争力。

H2:产业质量和效益对制造业产业竞争力有积极影响。

3.3.2 制造业产业竞争力与产业潜力要素

在表征制造业发展潜力方面,本书将内部驱动要素和外部驱动要素相结合进行评价分析。在产业内部与产业本身方面,产业集群和结构聚焦于制造业生产力布局、产业需求匹配、区域间均衡角度,呈现制造业在结构优化方面所需的产业竞争力发展状况,这部分指标既体现了产业当前整体竞争力水平,也表征了以后的发展潜力。产业集聚和产业结构的优化,将充分转化为现实的产业竞争力。在产业外部,产业的可持续发展能力主要考虑从产业升级、后备实力发展的角度,表征制造业产业在创新、绿色环保和信息化方面所具有的竞争力水平。在技术创新方面,陈劲、蒋泰维、程惠芳、程强从创新体系、创新投入、创新政策、创新制度、创新公共基础条件、创新主体的联系合作程度等多个角度研究了如何建立国家创新体系,认为国家创新体系与企业国际竞争力存在显著正相关关系,国家创新体系中的创新投入核心因子和创新环境因子对企业国际竞争力具有同样重要的影响，并且企业之间的技术合作、共同研究开发、知识产权保护等对产业国际竞争力有重要的影响。一国（或地区）制造业产业竞争力的核心要素是具有结构优化、产业处在价值链高端地位、人均劳动生产率高、产业增加值率高、质量效益好等特质。制造业要具有良好的可持续发展潜力，节约资源、环境友好，能够深度融合国内外最新的信息化技术，具有较强的自主创新基础和能力。

针对以上分析，本书提出以下假设。

H3：技术创新促进科技成果向现实生产力转化是制造业竞争力的源泉。

H4：产业集聚和产业结构的优化将充分转化为现实的产业竞争力。

H5：产业可持续发展能力是经济服务社会提升产业竞争力的有力保证。

3.3.3 制造业产业竞争力与产业环境要素

产业环境是制造业产业安身立命之所，产业和环境的互动会产生一组各自独立又互相作用的要素，多方面影响产业竞争力的发展水平。德勤发布的报告认为，在制造业竞争力最重要的关键驱动因素中，人才排在第一位，包括制造业熟练工人、工程师、研发人员的素质和可得性。制造业从业人员因其在人力资本投入、培训和工作经验的提升方面不断获得报酬增益，进而提高个人、家庭和社会群体的福利水平。政府和产业的关系，相当程度上是政府和市场的关系。针对这种关系，著名经济学家张维迎和林毅夫有不同的见解。张维迎认为，产业政策是计划经济的后遗症，在缺乏足够信息的制约下，政府很难制定有效的产业政策，他基于对企业所有权和激励机制的理解，在微观层面得出以上结论。林毅夫则认为，在发展中国家的赶超过程中，政府的作用相当重要，产业政策是有效的。他借鉴新古典经济学中国际贸易理论和新经济增长理论的成果，认为经济发展过程中各国都会经历产业结构升级，在这个过程中禀赋结构呈现动态变化，特别是技术创新的重要性会很明显，而技术创新、教育等促进经济发展的重要因素具备很强的外部性，政府的介入可以更好地促进这些比较优势的顺利实现。

资源禀赋，也称要素禀赋，是指一国（或地区）拥有的各种生产要素优势，如劳动力、资本、土地、技术、管理等。在国际产业竞争中，假设各国（或地区）在相同的技术水平下生产同一种产品，则价格差异带来的竞争力主要来自其成本优势，成本优势来自生产过程中所使用的生产要素价格带来的差别，各种生产要素的相对丰裕程度，即相对禀赋差异，由此产生的价格差异导致了国际贸易和国际分工。

产业集聚是当今世界产业组织的基本特征之一，一般是同一产业的企业以及与该产业相关产业和支持产业的企业在地理位置上的集中，产业集聚在我国很多地区尤其是东部沿海地区发展得已经比较成熟，如苏南模式、温州模式、珠三角的产业集群等。在美国、德国等工业化发达国家，产业集聚也有很典型的案例，如慕尼黑的制造基地、20世纪80年代底特律汽车生产基地等。大企业集团、知名品牌、精密制造、重点及高技术制造产业也是影响一国（或地区）制造业竞争力的显性因素，如瑞士的钟表制造业、荷兰的集成电路光刻机产业等。

针对以上分析，本书提出以下假设。

H6：人力资本是制造业竞争力最重要的驱动因素。

H7：本国政府因素和政策在资源配置中的作用导致了产业竞争力的差异。

H8：资源禀赋和软硬件决定了一国产业竞争力的比较优势。

H9：企业个体和集群使得企业共享区域公共设施、市场环境和外部经济，降低信息交流和物流成本，形成区域集聚效应，进而提升其产业的竞争力。

3.4 反映机理模型与波特钻石模型的一致性分析

波特经过对多个国家产业的国际竞争力研究，建立的钻石模型为解释产业国际竞争力确定了一个经济分析的范式，波特认为产业竞争力是一个复杂的系统，是多种要素的集合，这与以往的国际贸易理论单一考虑某种要素相比，前进了一大步。他认为一国（或地区）的特定产业是否具有国际竞争力取决于六个因素的互相作用。芮明杰、程宝栋对六个因素所包含的内容做了梳理。

（1）生产要素。一个国家的生产要素状况，包括：初级的生产要素，如人力资源和天然资源；被创造出来的生产要素，如知识资源、资本资源和基础设施。

（2）需求条件。某个行业产品或服务的国内需求性质，包括国内需求的结构、市场大小和成长速度、需求的质量、需求国际化的程度等。

（3）企业战略、企业结构和同业竞争。这是指国内支配企业创建、组织和管理的条件，以及国内竞争的本质，包括企业的经营理念、经营目标、员工的工作动机、同行业中竞争对手的状况等方面。

（4）辅助行业。这是指具有国际竞争力的供应商和关联辅助行业，影响企业的竞争优势相关产业和支持性产业的表现，包括来自纵向和横向的支持。纵向如企业的上游产业在设备、零部件等方面的支持，横向如相似的企业在生产合作、信息共享等方面的支持。

在四大要素之外还存在两大变数：机遇和政府。这是另外两个能够对产业竞争产生重要影响的变量，机遇是无法控制的，政府政策的影响是不可漠视的。譬如，包括重大技术革新在内的一些机遇事件会导致某种进程中断或突变效果，从而使原有行业结构解体与重构，给一国的企业提供排挤和取代另一国企业的机会。政府部门通过政策选择，能够削弱或增强国家竞争优势。

本书结合国内外制造业产业评价形成的方法论和范式，以及评价指标体系实证研究所依赖的统计数据库现状，基于可测量的研究目的，建立了在经济福利视角下的制造业产业竞争力反映机理模型，包括产业发展的当前状况及要素评价，产业发展的未来状况及要素评价，产业发展的环境影响因素及评价，包括H1~H9和调节因子。与钻石模型相比，尽管在功能和目的上两者不同,分别有各自的理论和解释逻辑,但在包含的测量要素上两者存在一定的一致性,如表 3-1 所示。

表 3-1 反映机理模型与波特钻石模型的一致性分析

模型	因素维度	测量维度		测量维度	假设维度	模型
钻石模型六个因素	1. 生产要素	① 人力资源	两个反映模型关注因素的一致性	/	H1 产业规模	基于经济福利视角的产业竞争力反映机理模型
		② 天然资源		/		
		③ 知识资源		⑦⑧	H2 质量效益	
		④ 资本资源				
		⑤ 基础设施		⑪⑫	H3 技术创新	
	2. 需求条件	⑥ 国内需求条件				
	3. 企业战略、企业结构和同业竞争	⑦ 经营理念		③④⑪	H4 产业结构	
		⑧ 经营目标				
		⑨ 员工情况		①②③⑤⑪⑬	H5 可持续发展能力	
		⑩ 竞争对手				
	4. 辅助行业	⑪ 企业产业链		①③⑨	H6 人力资本	
		⑫ 生产合作				
		⑬ 信息共享		⑭⑯	H7 政府因素和政策	
	5. 政府	⑭ 本国政府				
		⑮ 外国政府		①②⑤⑥⑬	H8 资源禀赋和软硬件	
		⑯ 政策				
	6. 机遇	⑰ 正向机遇		⑦⑧⑩⑪⑫	H9 企业个体和集群	
		⑱ 不可抗力		⑮⑱	调节因素(因子)	

波特的钻石模型解释了产业国际竞争力的主要决定性因素,这些因素已经分别得到了实证研究的支持,但研究范式并不是完美无缺的,仍然存在分散化的缺憾,不能给产业竞争力的提高指明具体的实现路径。通过一致性分析可以看出,两者关注了大部分影响产业竞争力的因素,但对于产业规模要素以及相应的规模优势理论,波特的钻石理

论并不能进行合理且充分的解释。

3.5 本章小结

在梳理前人福利经济学理论成果的基础上，结合2.2节中"福利"与"竞争力"的互动关系探析，经对波特钻石模型的一致性分析，结合田野考察法，与来自制造业产业理论、产业运行和产业管理界有代表性的资深专家进行座谈后，归纳了福利经济和制造业产业竞争力之间三个方面的支撑维度（和替代要素）：产业现状实力表征要素、产业发展潜力表征要素、产业环境优势表征要素。制造业产业实力为社会福利提供了现实基础，制造业产业的发展潜力为社会福利提供了未来保障，制造业产业环境优势与社会福利经济互相促进和成长，并在此基础上分别展开研究。

本书通过对产业现状实力表征要素、产业发展潜力表征要素、产业环境优势表征要素的研究，得出了在经济福利视角下制造业产业竞争力水平的高低，与①制造业"产业规模、质量效益等相关信息"；②制造业"产业创新能力、产业结构合理性和可持续发展等相关信息"；③制造业"政府因素和政策、资源禀赋和软硬件、企业个体和集群、人力资本等环境类信息"等有紧密关联的结论。如果某个国家（或地区）制造业产业竞争力比较强，就必须在上述①②③方面施加正相关的影响；反之亦然。基于此，本章提出了九个制造业产业竞争力反映机理模型的研究假设，如表3-2所示。

表 3-2 本章的研究假设

序号	研究假设
H1	产业规模优势及其经济效应可以影响制造业产业竞争力
H2	产业质量和效益对制造业产业竞争力有积极影响
H3	技术创新促进科技成果向现实生产力转化是制造业竞争力的源泉

续表

序号	研究假设
H4	产业集聚和产业结构的优化将充分转化为现实的产业竞争力
H5	产业可持续发展能力是经济服务社会提升产业竞争力的有力保证
H6	人力资本是制造业竞争力最重要的驱动因素
H7	本国政府因素和政策在资源配置中的作用导致了产业竞争力的差异
H8	资源禀赋和软硬件决定了一国产业竞争力的比较优势
H9	企业个体和集群使得企业共享区域公共设施、市场环境和外部经济,降低信息交流和物流成本,形成区域集聚效应,进而提升其产业的竞争力

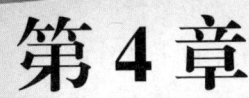

第 4 章 制造业产业竞争力评价指标体系的建构和假设验证

至此,本书完成了概念向变量的转换,建立了反映机理模型,归纳了产业竞争力反映机理模型的研究假设,本章及后续章节将进入评价模型的建构、验证、度量和分析阶段。本书将采用管理科学通用的实证性方法,基于变量关系的构造来拟合变量对象(产业竞争力)的作用演变规律,进行问卷调查,收集、统计和分析数据。

4.1 指标体系建构和验证的理论基础

4.1.1 信度、效度理论及变量测量

测量的信度是指测量结果的稳定性,或一致性,或可靠程度。它反映的是测量的随机误差的情况。影响测试信度的因素主要有被试者、主试者、实施测量的情景、测试工具的内容等。提高测量信度的常用方法如下。

(1) 适当增加问项(items)的数量。

(2) 使调查问卷中所有问题的难度接近正态分布,并控制在中等水平。

(3) 提高问卷问题的区分度。

(4) 主试者应当严格执行测量的规则,评分者要严格按标准给到分数。

内部一致信度（Cronbach α系数）合适范围，即经验准则：一般认为，在大多数情况下，如在评价指标体系的设立及结构方程的应用中，维持在0.7以上就行了。

测量的效度是指测量的结果接近所要测量的变量的真实内涵的程度，即测量到真值的程度，它反映了测量误差的大小程度，在极端情况下，测量的系统误差和随机误差都等于0，则此时效度最高。由于一个变量的真实值是观察不到的（观察到的仅仅是测量值），因此，一个测量值接近真实值的过程和程度，就产生了有关效度的诸多概念，目前常用的有如下几个效度：表面效度（face validity）、内容效度（content validity）、构想效度（construct validity）等。

表面效度是研究者通过对所要测量的变量或者概念的审视，判断提问问题在表面上是否能够反映所要测量的变量。表面效度原本意义上的效度是没有办法保障的。

内容效度反映的是测量一个复合变量的所有子问题是否覆盖了被测量概念的所有方面的内容。检测内容效度的方法是，请熟悉这方面的专家重新审核所有测量变量的问题。

构想效度，construct作为名字的基本含义是思维的产物、概念、构想、构念、模型以及物质或非物质的结构。构想效度产生于心理学，用于对一些隐秘的心理变量的测量。由于这些变量本身观察不到，也无法直接测量，而学术上假设它是存在的，所以就需要在学术理论上给出这些概念的构想，给出这些概念的特质，以及这些特质所对应的个人或团体的行为。管理科学研究方法认为，如果针对不同的被试者所测量出来的原始概念的值，能够解释与这个概念相符合的行为，那么这个测量就是有构想效度的。

美国心理学家B.F.斯金纳认为，检验构想效度要从逻辑和经验两个方面入手。对构想效度的研究，本质上是证明测量背后的理论有效。施瓦布（Schwab）等学者在其研究中描述了构想效度的研究过程。如果我们要测量某概念A，构想了A的组成方面，并构造了通过这些组成方面来测量 A 的量表，虽然我们没有效标来检验该量表的有效性，但在理论上可以知道概念（变量）A 的值的大小与某些现象 B 的出现高度相关，那么就用该量表测量概念（变量）A，看看 A 的值的大小是否与现象 B 高度相关，如果测量出的 A 的值的确与现象 B 的值是高度相关的，则称测量 A 的这一量表（或一组）指标是构想有效的，即具有构想效度。我国著名管理学专家马庆国将构想效度的验证归纳为以下四个步骤。

（1）提出有关概念的理论构想，设计测量该概念的问卷问题（或量表）。

（2）提出可以验证这个概念的理论假设（测量值与什么现象有关）。

（3）收集实际的资料，以验证理论假设的正确性。

（4）收集辅助证据，淘汰与理论假设相反的问卷问题，或者修正理论。

如此（1）（2）（3）（4）重复，直到提出的理论假设得到经验的证明为止，也就是测量的结构效度获得支持。（如果始终得不到证明，就表示没有构想效度。）

构想效度验证的基本步骤如图 4-1 所示。

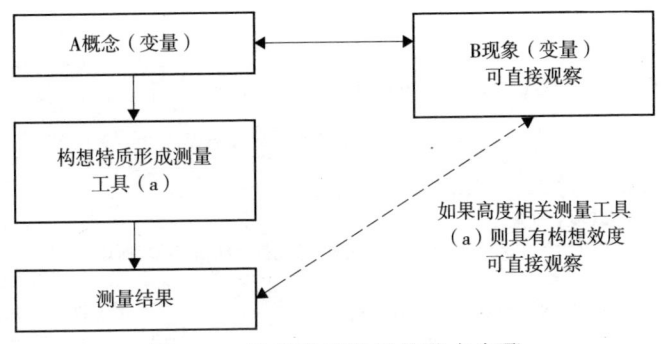

图 4-1　构想效度验证的基本步骤

因为所构建的测量概念 A 的指标（如问卷、量表）是否全面，构建效度是不能反映的，这就需要内容效度来判断，本书在调查问卷的设计过程中，邀请了制造业产业管理、产业研究、产业运营领域有代表性的 57 位业界专家（满足对制造业领域非常熟悉这个要求），确保所构建的指标覆盖 A（制造业产业竞争力）的全部内容。

测量一个复合变量的问卷的构想效度，可以采用因子分析方法。用因子分析方法来检验构想效度的步骤和思路如下。

（1）构建测量复合型变量的向度（维度）。

（2）设计测量各个向度（维度）的问项（测量指标）。

（3）用上述量表（问卷）发放问卷，测量并收集数据。

（4）对所有问项的数据做因子分析。

（5）对公因子与向度（构面）进行对比，一致时，如果公因子数与原来构建的向度数一致，并且所有公因子所包含的负载大于 0.5 的问项（或者该问项负载接近 0.5，并且在所有公因子的负荷中是最大的）都与原来设计的构面（向度）所包含的问项一致，就表明原来构造的量表（指标体系）是有构想效度的，也就是说，当初的构面分解是正确的，所以具有构想效度。

如果公因子数与原来设计的构面数不一致，或者公因子数与原来设计的构面数一致，但问项负载的最大负载所在的公因子与问项所在构面不一致，则需要调整原来问卷的构面结构，甚至放弃一些不符合构想效度的问项。

用因子分析方法检验构想效度的步骤如图 4-2 所示。

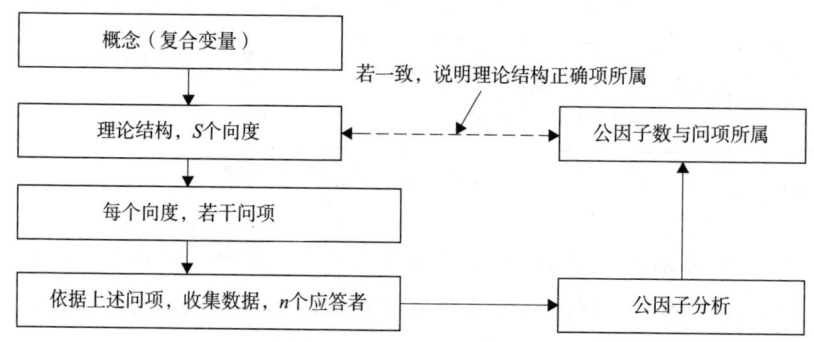

图 4-2　用因子分析方法检验构想效度的步骤

4.1.2 调查问卷的可靠性

调查问卷是管理学科调查、收集一手材料数据最重要的工具之一，问卷是由测量变量的问题或者量表构成的。调查问卷的设计必须注意其科学性，否则将会对研究结果产生不可估量的偏离和负面影响。科学性是一个定性而不方便度量的概念，王重鸣将正确设计调查问卷、保障其可靠性的要点归纳如下。

（1）问卷的问题设立的第一原则：能够获得诚实回答。

（2）问卷设计一定要通过小规模访谈来修正。

（3）问题的陈述和备选答案都不能有多重含义。

（4）对于有可能无法得到真实反馈内容和答案的问题，应该选择类似于变换问题的提法，在问卷的不同位置设置相近、相反的问题，以求相互验证，进而得到真实、准确的数据。按照国内外相关专家学者对于调查问卷设计的建议，本书在设计问卷的过程中都进行了充分的考虑。对于在调查问卷过程中可能出现的偏差，本书在借鉴相关文献原有表述的基础上，通过田野考察和测试，并经过小规模访谈来修正。其包括如下内容。

（1）审查是否缺少必要的属性解释，尽量让应答者理解。

（2）审查是否缺少必要的背景资料，做必要的补充。

（3）检查问卷问题的规范性，主要从 6W+2H[①] 的角度审查，如果有某项缺失造成误解，就必须矫正。

（4）问项分析（item analysis），删除没有分辨力的问项。

（5）依据信度与效度分析的结果修改。

为了避免在调查过程中出现的诚实问答（honest question and answer）和一致性动机问题（consistency motivation problem），按照国内外相关学者的建议，本书在调查问卷设计的过程中，特别注意了答案与应答者利益密切相关的问题的遴选和剔除，以及研究内容与逻

---

① 指 when, where, why, what, who, way 和 how many, how much。

辑的强相关内容。在调查问卷的安排上，结合专家意见，将竞争力与社会福利的内容进行区隔，以防止得到因果关系的暗示，进而在分析过程中得到负面结果。

本书将"制造业产业竞争力"作为一个概念变量，在经济福利视角下对其反映机理进行了深入分析，提出了九个方面的测量维度（假设），但是对于具体的测量指标除了需要进行规范性的理论推理以外，还需要运用正确的实证研究的方法加以验证。由于评价指标体系的构建所研究的测量逻辑指标是基于文献检索、Python 软件程序、田野调查法的辅助获得的，通过以调查问卷为主的方式，所以调查问卷设计的合理性、收集过程的规范性、处理的科学性，以及所收集数据是不是符合研究的基本要求等，将直接关系到本书研究的正当性和最终结论的科学性。本章将从调查问卷设计、数据收集过程、数据的统计分析等方面对第 3 章的研究进行验证，并结合构想效度的管理科学研究方法，验证评价指标体系构建的科学性。

4.2 变量定义及初级量表的建立

阶段一：初级量表——全覆盖指标池的建立过程。

在初级量表形成过程中，贾维斯（Jarvis）、麦肯齐（MacKenzie）等认为相关指标的寻找应尽可能做到"全覆盖""不遗漏"，并基于表面效度进行整理工作，形成"结构化"和"逻辑清晰"的初级量表。结合本书第 3 章的研究过程，基于福利经济视角的制造业产业竞争力反映机理模型和研究假设建立以后，第一阶段工作是将所有能刻画变量"制造业竞争力"的指标"尽可能全覆盖地"列出来。基于这个研究目的，我们采用了以下两种方法。

方法 1：从以往文献中提取尽可能多的描述指标，包括维度、向度和问向指标。文献主要包括：瑞士洛桑国际管理发展学院的国际竞争力评价指标体系、世界经济论坛全球竞争力指数指标体系、德勤和美国竞争力委员会《全球制造业竞争力指数》、中国社会科学院工业经济研究所《产业蓝皮书：中国产业竞争力报告》、中国人民大学竞争力与评价研究中心《中国国际竞争力发展报告》；CNKI检索有关"产业竞争力""评价指标"等的文章和研究报告、咨询报告等。

方法2：Python软件辅助。Python是一种跨平台的计算机程序设计和人机交互语言，为了达到"全覆盖"的目的，通过该软件编制的网络爬虫程序，将互联网上与"产业竞争力""评价指标体系"相关联的术语检索出来，提高工作效率，达到事半功倍的效果。

本书先对制造业相关领域的57位专家进行分组访谈，分3组，包括制造业产业管理（基本在政府部门）、产业运营（企业界）、产业研究（科研院所）领域各19位，为了使指标更具有完备性、代表性和无遗漏，每组专家均考虑了他们所在的制造业产业门类，从大的范围区别了流程型制造业和离散型制造业，从小的颗粒度上基本涵盖了中国有代表性的制造业产业，如纺织、食品、装备制造、汽车、集成电路、石油、交通装备等。获取这些专家认为会影响制造业竞争力的一些指标，进行维度整理，归并几乎一样的问项。经汇总形成9个维度、306个评价测量指标的初步量表（scale），简称"9-306制造业产业竞争力指标池"初步量表，见附录A。

4.3 效度检查和量表净化

阶段二：中间量表——经过指标缩减过程，得到因子分析前的量表。

从阶段一到阶段二的过程，即是缩减指标过程。当得到两个或多个测量变量的数据，并经相关分析后，得出两个变量显著相关的结论，但并不能依据数据本身说明哪个变量是因，哪个变量是果，因此只有通过专业的定性分析，确定因果关系后才能进一步回归分析。研究分析变量的数量，及变量之间的因果关系，这个过程主要是通过表面效度和内容效度的检查来完成的。

经过阶段一，指标池中有大量重复和非常接近的指标。海恩斯

(Haynes)等提出在检验以前,要简化(simplified)和净化(purified)指标,否则维度太多不能保证其相互间的独立性。因此继续要求特定专家进行整理合并。通过对上述9-306制造业产业竞争力指标池进行整理,合并后保留了5个维度指标、101个测量指标,简称"5-101制造业产业竞争力指标体系"中级量表,见附录B。4.3.1和4.3.2节详细说明了测量指标和维度指标的整理过程。

4.3.1 测量指标的整理和检查

基于表面效度和内容效度的一一审核,整理、合并相同或几乎相同的指标,将306项测量指标缩减为101项。指标体系中测量指标的缩减,遵照了刘丹、王迪等提出的如下原则:测量指标的核心性、可获得性、可比性和弱相关性。以下是合并的一些指标说明,并非全部。

一国制造业品牌的多寡和制造业国际知名品牌的数量:两者均把制造业品牌作为衡量竞争力的指标,但是前一指标存在表述不清的问题,品牌数量的绝对值并不能完全反映国家制造业的竞争力(如存在大量没有形成规模的制造业企业),在国际层面上的对比应该选取国际通用的指标,所以本书统一选取国际知名品牌数量。

本产业的市场占有率和制造业产品国际市场占有率:制造业产业市场占有率这一概念描述得较为模糊,容易让人理解为某一具体产业的市场占有率,其表述的意思与产品国际市场占有率类似。本书旨在对比国家之间的制造业产业竞争力,因而选取后者更为合适。

单位产值电耗和单位产值能耗:后者包含前者,因此进行合并。

本国制造业的全员劳动生产率和本国制造业人均规模年增加值:上述两个指标高度相似,所谓劳动生产率可以认为单位时间内生产的产品数量越多,劳动生产率就越高,而人均规模就是整体规模/制造业从业人数,其年增加值可以反映劳动生产率在时间尺度上的变化,比全员劳动生产率更能体现竞争力,因此两大指标合并。

单位制造业增加值的全球发明专利授权量和每万人专利申请数:首先

两个指标都是想用专利去对比国家之间制造业的竞争力，后一指标没有强调制造业的专利不够具体，因此选取前一指标。

出口产品召回通报指数和一国制造业产品合格率：两大指标反映的都是产品质量在国家制造业竞争力中起到的作用，其中只有我国采用了产品合格率这一指标，各个国家检验标准不一，因此选取出口产品召回通报指数。

显性比较优势指标（RCA）和制造业出口占全球制造业出口额比重：RCA取出口总额中某类商品出口所占份额/世界出口总额中该类商品所占份额，与制造业出口占全球制造业出口额比重计算方法相同，因此将前者删除。

本产业的市场占有率和国际市场占有率：市场占有率这一指标同样描述了市场份额，由于本书对比的是国家间的制造业产业竞争力，需要将范围限定在国际市场内，因此对上述两个指标进行合并，保留国际市场占有率。

信息化投入力度和网络就绪指数：以往研究通过微电子控制经费/生产经营用设备原价得出信息化投入力度这一指标，但是用它来描述制造业信息化水平太过片面，而网络就绪指数作为一项综合指标，包含信息化投入力度。因此，删除信息化投入力度指标。

劳动力供应指标和理工科毕业生人数以及技术工人、工程师可得性：劳动力供应指标包含下面所有的指标，由于本书主要对比的是制造业竞争力，应当有针对性地对指标进行细化，因此删去劳动力供应指标，保留其他细分指标。

技术研发强度（研究与实验发展经费支出）和研发投入占GDP的百分比：研发投入强度包括实验发展经费支出，因此对两类指标进行合并；企业与同类型其他企业的合作（如共同接订单、共用设备等）、企业与相关企业的交流（如互相参观、学习等）与制造业企业之间的合作：制造业企业之间的合作包含共同接订单、互相参观学习等，因此删除前面两大指标，保留第三项。

地方政府的引导政策和政策保障环境：政策保障环境包含引导政策，因而对两指标进行合并，删去地方政府的引导政策。

法律法规的透明度和国家法律法规体系的完善：法律法规的透明度被法律法规体系完善程度所包含，后者概括得更为全面，因此删去前者。

单位劳动力成本删去：这一指标能否作为竞争力的指标存在争议。其既可以作为正向指标，也可以作为负向指标。诚然，从企业管理的角度来看，成本是一种竞争优势，然而从国家层面上来看要结合其具体的产业结构。（例如，某国的汽车产业因劳动力成本高，故采用了大量的机器人技术，我们不能说它是产业，它是不具备竞争力的，同时另一些国家劳动力成本低，但是其生产的都是一些低端手工产品，我们也不能将其作为竞争力的指标）

4.3.2　维度指标的整理和检查[①]

结合座谈和田野调查，密切联系制造业产业管理、产业运营和产业研究方面的专家，发起初级调查问卷，经过表面效度和内容效度阶段的指标整理工作，将"H1产业规模""H2产业质量效益""H3技术创新"……"H9企业个体和集群"等九个维度指标（假设），缩减为五个，本节主要说明为什么"H3技术创新"未能成为本评价指标体系的一个单独测量维度。

1. 创新概念存在争议

关于创新的概念和研讨不断在深化过程中。从政府管理的视角，"创新"是民族进步的灵魂，是国家兴旺发达的不竭动力[②]；胡锦涛同志在2007年党的十七大报告中指出"建设创新型国家"是国家发展战略的核心，是提高综合国力的关键[③]；2015年，习近平总书记将"创新"作为"创新、协调、绿色、开放、共享"的新发展理念[④]之首，是我国较长时

---

① 本节内容整理后发表于管理工程学报，2017（2）。
② 1995年5月，江泽民在全国科学技术大会上的报告《关于加速科学技术进步的决定》。
③ 2007年10月，胡锦涛同志在党的十七大上做的报告。
④ 2015年10月，习近平总书记在党的十八届五中全会上的报告。

期内的发展思路、方向和着力点之一。20多年来，在科学、技术和工程界，关于"创新"的研讨不断深化，国家和地方持续出台了不少关于"创新驱动"的政策，业界讨论的"创新"涵盖了多个领域和不同的层面，概念趋于泛化，不同讨论者的创新可能说的并不是同一回事。

在测量创新投入和产出上也存在较大争议。国家统计局2023年9月公布2022年中国研发经费投入总量达3.08万亿元，经费投入强度（与国内生产总值之比）为2.54%，成为仅次于美国的世界第二大研发经费投入国[1]，并持续与G7（七国集团）国家拉开差距，但是创新产出仍然是从我国"每万人科技论文数""每万名R&D人员专利授权数""发明专利申请授权数"等多个指标得到"成效显著"的印证，类似的这些乐观描述可以较易从媒体上看到。有学者则认为虽取得了某些进步，但从专利成果转化效率看，我国和国外先进水平"差距仍非常大""问题依然突出"。近年来我国经济发展速度世界瞩目，但按全要素生产率来看并没有持续性地提高，体现了创新投入和产出并不对应，在效率和效益上并没有取得明显成绩。

从广义角度来说，提出并实现一种新的想法并取得成效的举动都可以叫创新。从这个定义引出三个问题：第一个是"想法"的范围是什么，第二个是什么叫"新"，第三个是如何衡量成效。创新可以非常宽泛，包括政治、经济、文化、社会各方面的内容。创新的"新"具有相对性的特点，从时间序列上看并不是绝对的新，在相对范围里、在你工作具体领域里它是新的、过去没有做的，运用新的思想和技术、新的手段和方法，使企业得到发展、有了收益，即为创新。创新是一个经济范畴，必须有收益。创新与发明专利不可等同，也不是一回事。发明是绝对的概念，发明要申请专利必须具有首创性，发明不一定创造经济价值，专利中很多是不能实际使用的。在衡量创新的成效方面，不同领域有不同的标准，有的有时间性，过了一定的时间即不再具有价值。在2006年1月全国科学技术

---

[1] 国家统计局.2022年全国科技经费投入统计公报[EB/OL].（2023-09-18）.https://www.stats.gov.cn/sj/zxfb/202309/t20230918_1942920.html.

大会上，胡锦涛同志从创新的涵盖领域维度提出"理论创新、制度创新、科技创新"，同时从创新的方式维度提出"原始创新、集成创新和引进消化吸收再创新"。"理论创新、制度创新"属于社会科学，是生产关系与上层建筑的范畴，"科技创新"则是自然科学技术的范畴。

2. 经济领域的创新

人类社会生产力发展的源泉是经济领域的创新，我国改革开放以来的发展历程同样充分体现了这一点。尽管理论创新、制度创新与科技创新有紧密的联系，但经济领域的创新主要源于科技创新。

社会上习惯把科学和技术连在一起，简称"科技"，其实两者有重大区别。研究科技创新，让创新驱动经济发展，一定要区分科学和技术的概念，以及科学、技术和工程的关系。自然科学技术领域包括科学、技术和工程三个方面，科学是人类探索自然（后来也包括社会和人本身）、寻求规律真理的过程和结果，其过程为科学研究活动，其结果为科学理论体系；技术是人类为满足生活需求（由简单的衣食住行到后来复杂的社会需求）而改造自然的方法和手段，其方法即为技艺，其手段即为工具；工程是基于科学理论体系，利用现代技术手段，依靠组织体系的"造物"过程。科学追求的是发现，技术追求的是发明，工程追求的是实际效果。因此三者有着不同的发展规律、体现着不同的价值，需要不同的评价标准和支持政策。

科学新的理论体系、技术新的技艺手段尽管是社会发展中重要且不可或缺的一部分，但在没有实现经济价值以前，并不在"创新"的范畴里。工程是一个从思想（方案）经过样品、产品、商品到产业的"链条"，"创新"主要体现在工程领域，由于工程要造物，即改造自然，它与技术的关系更为密切，所以一般称为技术创新。目前社会各界，包括一些政策制定者，对科学、技术、工程三者的概念和区别并不清晰，导致制定政策和执行过程中混淆三者的区别，有碍三者的各自发展和进步，尤其阻碍了技术与经济的结合，影响了创新本身的开展。

本书所说的"创新"是20世纪20年代奥地利籍学者约瑟夫·熊彼

特（Joseph Schumpeter）提出来的，他提出，通过"五种创新"途径，即新产品、新工艺（生产方法）、新市场、新的原料供应、新组织方式中一种或者几种组合来实现经济增长，创造经济学概念上的价值，这就是创新。其中包括技术、运营和制度，面向的是经济。对这个范围（范畴）的创新，近年来各国学者有很多研究和发展，但现在创新领域研究的基础，还是按照熊彼特的理念来考虑和分析问题的。

3. 技术创新链（以新产品为例）

以"新产品"为例，从广义上说，技术创新链如图 4-3 所示，从需求调查开始，然后到研究开发，研究开发的成果是做出模型，通过设计人员的工作（包括功能设计、结构设计和外观设计）做出样品，经由组织生产、质量控制等流程做出产品。产品生产出来没有营销还不是商品，通过营销部门的工作去推介该产品而成为商品，在销售阶段实现价值，最后到使用，使用的时候体现了使用价值。

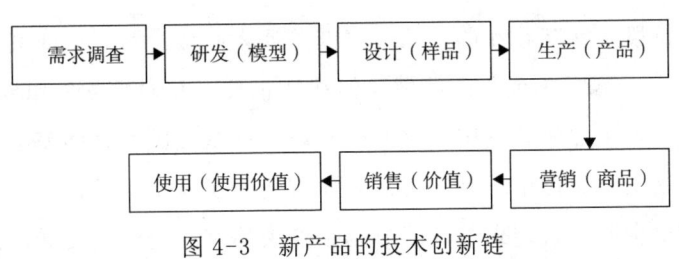

图 4-3　新产品的技术创新链

在现实社会经济活动中，上述新产品的技术创新实际包含两个过程。如图 4-4 所示，首先是从思想（想法）到技术，可以称之为"第一飞跃"。其次是从技术到产品到商品，从而实现价值，为"第二飞跃"。相对来说，从一个想法到技术，从技术到设计、生产、营销、销售和使用，科研人员往往注重第一层面，即研发阶段的"第一飞跃"，这个阶段很重要，但主要涉及人力资本和技术手段，相对范围较小，投入也相对较小，实际上创新的主要难点并不在此，而在"第二飞跃"，我们现在碰到的问题也主要在这里。技术能否转变成产品，这涉及材料、工艺等各方面的条件和攻关；产品能否有市场涉及需求侧的问题,即市场有无该方面的需求;售价能否补偿成本且有余,要求判断产品是否有经济意义上的价值;投资能否保值增值,就需要长期效果来检验。这是狭义上的技术创新链,在这一阶段环节多、投入大,比前期的投入更大,组织复杂,因此风险更大。美国和德国等发达国家提出"创新死亡谷(innovation death valley)"[①]的概念,是指在第二飞跃阶段(狭义的创新阶段)成功比例更小、更容易死亡的现象。

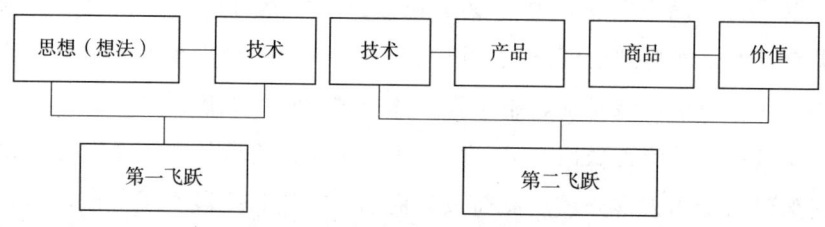

图 4-4　技术创新的两次飞跃示意

两个阶段是客观存在的。第一飞跃是研发阶段,可以由研究单位、高校等去做,也可以在企业内部做(但往往也要有相对独立的组织);而第二飞跃则要在企业做。关键是这两个阶段(两次飞跃)之间怎么做好衔接和组合,这主要通过市场来实现。科研院所做了一个研发,有了初步成效以后,如果企业有兴趣来做,就放到企业去生产;企业需要新产品、新技术,而自己没有力量做的,则可以选择与科研院所、有技术的机构进行合作。研发部门和产业部门各自按分工做好自己的工作,然后自由选择相结合的方式,通过(如买断技术、提成合作、参股等)市场方式将两者统一组织,由企业主导,实现应有的价值。

4. 技术和经济长期"两张皮"及其造成的问题

科技界(第一飞跃的主导者)对创新的重视是空前的,动辄离不开"创新"二字,但其对经济界的情况、对市场的需求并不甚了解;产业界

---

① 发达国家认为创新到后面的阶段(第二飞跃)往往出现大风险,最后导致死亡。

（第二飞跃的主导者）对技术具有强大的需求，但由于历史原因，我国的产业界只管生产，无力延伸到研发领域做到产研结合，所以长期存在"两张皮"问题，要想得到明显的改观，需要一定的过程。

科研院所代表的技术界与企业代表的产业界，单位性质不同，管理主体不同，体制和评价标准都不尽相同，所得利益也不同。中华人民共和国成立以后，特别是改革开放以来，"我国所要解决的主要矛盾，是人民日益增长的物质文化需要同落后的社会生产之间的矛盾"[①]，基于国情，我国大量引进国外的成熟技术并获得了较快发展。这些技术，主要不是外部研发单位的原始技术，而是从其他企业引进的现成的生产技术。这使企业在正常创新过程中应该大量投入力量做的设计、工艺、生产组织、供应链构建、营销创意、品牌探索等工作都简化了，在销售额大幅增长的同时，并未积累起创新的经验和力量，也未体验到创新的艰苦和成功的愉悦。这一政策对快速补齐短板是有效的，在当时和一定时期内也是正确的，但对我国产研结合的可持续发展却造成了新的阻碍。

按照引进、消化、吸收再创新的方式，企业引进生产技术以后，培养研发人员并建立自己的实验室，慢慢向上游（由思想到技术）的研发、设计等领域扩张，这是一种正确的发展趋势。但到今天为止，相应的有效政策和顶层设计尚不完备，企业长期依赖政策环境和引进现成技术导致影响深远的惰性和既得利益，这种情况未能改观，使得"两张皮"的分离更为明显。企业缺乏自主创新的动力和能力，更丢失了创新的主体意识。谁来驱动创新、怎么驱动创新？企业创新动力在哪里？这些重大问题目前没有得到很好的解决。

从创新投入来看，我国研发投入强度越来越高，这是一种良好的发展态势，但从另一个指标来分析则令人担忧，即企业研发投入占销售收入的比重，我国目前平均只有1%左右，对比工业化发达国家3%~4%则偏低

---

① 改革开放和社会主义现代化建设时期党对社会主要矛盾的认识，见1981年党的十一届六中全会通过的《关于建国以来党的若干历史问题的决议》。

较多（各个产业不同，这里指制造业总体）。其原因可以罗列很多，但主要是我国经济中制造业比重远远大于发达国家，而生产规模与研发投入却不成比例，与各国70%~80%的创新都集中在制造业领域相去甚远。用占GDP 2%的金额分摊在占30%~40%的制造业上，较之发达国家占GDP 3%以上金额分摊到占10%~20%的制造业中，结果当然完全不同。我国对创新产出的评价主要体现为论文和奖项，并未追求通过创新实现价值，的确令人费解。

技术创新链的两次飞跃，映射到我国目前的学研体制，要求研究部门（科研院所和高校）与企业两者做有效的融合和渗透。科技主管部门在我国科技体制改革中，应积极转变科研管理的评价方式，修正价值取向，在决策制定过程中，不要喧宾夺主，要注重协调发展。当前科研院所转企，能够形成完整的技术创新链，从一个想法到实现市场价值，"从0到1""从1到N"，已经有几个突出的成功案例，但从产业规模来看，仍然是沧海一粟，而且这些单位大多放弃了转制前担负的产业共性技术研发的使命。

技术创新离不开政府的支持。近年来，政府不断加大科技创新的力度，设立了数额巨大的专项资金支持基础研究、应用开发、技术向产业转移等。但在实施过程中并未深入研究管理方式，多以行政方式施行，实际上仍然是以部门分割的、分散的粗放方式管理项目，造成职、权、责互相纠缠，最后造成的实际结果是无人担责。单纯加大投入而不慎思政策和资金项目的引导和引领作用，沉溺于论文专利等指标的大幅增长这些表面风光，导致资源浪费、实效不彰。

5. 研究创新对产业发展和社会福利的意义

（1）明确概念。创新应主要限定在"经济领域"，这里不只强调技术，还强调技术如何实现价值。技术创新和制度创新应该协同，有些问题不仅是技术问题，也是制度问题，包括企业内部的管理制度等。创新的目标在于创造价值，没有创造价值的东西不是创新。众所周知，从统计上看，发明专利70%~80%的比例是不曾也不会实现的，全世界大都是这种情况。少数专利成果历经千辛万苦、突破重重风险，成为市场上销售的产品，通过它挣到钱，实现了经济价值，这才叫创新。

（2）创新方式。要产研结合、以企业为主体。这句话耳熟能详但实效不佳。为什么要以企业为主体？需求决策是企业来做的，因为企业最接近市场，市场情况调研就需要企业。科研院所的作用：首先，根据需求来研发关键技术，与企业共同使成果在生产线上实现，也有少数科研院所作出的前瞻性技术研发，直接做成了产品并开拓市场需求，有的可能长时间没有市场需求，这都是正常的现象，前端的研究不一定都有市场需求。其次，资金投入主要由企业负担，企业完全依靠政府在创新上的资金支持，就会丧失积极性和责任心。另外，自有资金投入也利于发挥企业的自主性，政府专项经费在使用制度上程序烦琐且不具有灵活性。再次，在组织实施方面，包括企业自身的组织，也包括来自外部的机构，但主要是以企业为主体来进行组织实施的。最后，效果评价，产品做出来符不符合要求以及最后的价值实现，处于核心地位的也是企业。

（3）政府作用。政府作用首先在于创造环境，监管重点在于规范市场、营造良币驱逐劣币的市场环境，政府需要制定环保、税收、贸易等相关配套政策，货币政策要支持实体经济，但到现在为止政府这方面的作用还相当薄弱。其次，政府要提供公共服务，鼓励行业协会提供平台服务，组织关键性共性技术研发。最后，某些重要领域需要政府直接支持，有重点，有针对性，主要培养企业自主能力和创新动力。当然，也需要给科研院所一定的财政支持，目前，支持的方式还有很多需要改善的地方。

（4）技术来源。如前文所述，相当长时间里面我国还要引进国外现成的技术，研发技术和国外相比总体上还有相当明显的差距，所以要真正组织好消化吸收再创新工作，这方面要有具体要求。另外，我国现在大量并购国外的企业，需要真正掌握其核心技术。大企业要组织自主研发，引入技术的同时要消化吸收。科研院所要根据自己的优势深入做技术研究，不能只是研究技术，也要注重技术的实现。

（5）重视原始创新和集成创新。注意其和科学研究的区别，希望原始创新开展得更多、更快一些，但是要把它与科学研究区分开来。提倡颠覆性创新的同时，要注重渐进性创新，渐进性创新是普遍的、大量的。在号召社会"万众创新"的同时，要关注企业内创新。

（6）人才培养和可得性。实现创新驱动，需要大量的人才。他们不仅要进入科研院所，更要大量地进入企业。他们对创新的认识和专业化程度，会直接或间接地影响我国创新事业的发展水平，最终会影响我国综合国力的提升。提出思想、作出决策的人是少数，但实现思想、决策则需要大量的人。教育中要创造环境氛围，使前者脱颖而出，但大量面向的是后者，要使多数学生都成为创新的实践者。各类学校，要以课程为载体，把关于创新的知识纳入学生专业学习的范围，在一定意义上，甚至要将其纳入通识教育的范围。教师要通过校企合作和创新实践，积累创新经验，形成由创新理论支撑的创新意识。

6. 创新驱动对产业竞争力的意义

按西方工业发达国家统计，在所有的创新中，大约80%的创新体现在制造业领域，我国的创新也是如此。我国制造业整体上还处于大而不强的阶段，在规模上已经超过美国，位居世界第一，但和国外综合水平相比还有相当大的差距，弱的地方主要是质量效益、产业结构、可持续发展等，要改善这种局面主要靠创新驱动。除了一些技术问题需要创新解决，要注意培养特色中小企业。德国很多企业并不盲目追求规模扩张，老的企业做了几代也不追求规模，但产品有特色，在业内领先，非常具有竞争力，做到全世界一流，是企业界的"隐形冠军"。中国就缺乏这样的企业。另外，我国很多产品可以生产了，但是关键零部件自己没有能力做，这部分价值可能占产品价值的最大一部分。我们的创新一直提倡产学研结合方式，但由于科研主管部门主要还是管研究单位，所以注意不要形成事实上还是由研究单位牵头，由研究单位主导，按原来的模式运行的局面，否则是不会成功的。研究单位要真正有效地与企业结合，为产业发展服务，真正体现以企业为创新主体，帮助其真正推动经济发展。

7. 小结

经过上述分析，创新能力的产业提升效应主要体现在产业效益提升和产业产品结构的提升中，其直接效应难以定量衡量，且创新能力的产业提升效应的释放，往往与劳动力、资本、管理等产业要素水平的提升交织进行。因此，当前全球衡量"创新能力"的定量指标均是衡量产业"创新行为"要素的投入和产出类指标，当前还不适于单独设置一级指标评价"创新能力"的产业提升效果。除了"可持续发展"测量指标中包含创新行为的投入和产出外，还从产业要素水平综合提升效果角度，将创新能力的产业提升效果内化于效益和结构优化两项维度指标中。

4.3.3 问项净化和信度检验

对"5-101制造业产业竞争力指标体系"量表设计调查问卷并发放，发放的对象来自北京、上海、广州、湖南、陕西等制造业产业管理部门、研究部门和企业；也包括来自中国制造业产业基地的专家，如苏南、长株潭、长三角等共160份。对"5-101"每级每个指标（问项），询问：用该测量指标来评价上一级指标"是否适用""是否准确"（yes/no）。此即"不适用"（不适于做评价指标）、"不准确"（做评价指标并不准确）两个选项的问卷调查。

为了便于评价，确保结果的可靠性和科学性，拟对问卷的结果进行分析和精简，参考麦肯齐等提出的量表简化和净化的判定依据，主要有以下两种方法。

方法1：如果评为"不适用"的人数＋评为"不准确"的人数，超过50%（在有效问卷中），则删除该指标（该问项）。

方法2：选择评为"不适用"的人数超过20%，同时，评为"不准确"的人数超过20%的问项，则删除。

1. 对5-101制造业竞争力评价指标构建问卷

构建问题描述：如下评价指标用来比较不同国家制造业的竞争能力，是否准确？应从不同国家制造业的可比性角度考虑，在对比不同国家制造业竞争力时，还应考虑是否便于计量和比较。如评价指标体系中制造业下的某个子行业的指标，不宜用来表示整体制造业产业竞争力。不便于计量的指标难以用来比较制造业的竞争力，没有明确指出国家层面的或制造业总体性的指标，属于模糊的或不准确的指标，也难以比较国家层面制造业的竞争力。

2. 问卷回收和处理方法

发放问卷后，共收回有效问卷139份。删除满足下列条件的问项：①评为"不适用"的人数+评为"不准确"的人数超过50%（在有效问卷中）；②评为"不适用"的人数超过20%，同时评为"不准确"的人数超过20%。对5-101量表调查问卷返回结果的统计见表4-1。

表4-1 对5-101量表调查问卷返回结果的统计　　　%

序号	维度指标	测量指标	是否准确反映不同国家制造业的竞争力？y/n	在不同国家制造业层面是否便于计量并比较？y/n	两项指标N的加总	删除/保留
1	H7 政府因素和政策	国家的经济体系	50.70	66.70	117.40	删除
2		国家的贸易体系	30.20	57.60	87.80	删除
3		国家的金融体系	34.60	57.50	92.10	删除
4		国家的税务体系	53.50	63.00	116.50	删除
5		国家法律法规体系的完善	47.30	72.50	119.80	删除
6		法律法规体系与制造业发展的配合度	15.70	55.40	71.10	删除
7		制造业吸引投资状况	20.70	39.80	60.50	删除
8		制造业发展政策	13.20	65.80	79.00	删除
9		制造业财税政策	21.50	65.70	87.20	删除
10		政策保障环境	33.60	70.00	103.60	删除
11		政府能源政策	25.90	68.60	94.50	删除
12		税收负担和制度的复杂性	35.50	57.20	92.70	删除
13		法律监管环境	36.40	68.40	104.80	删除
14	H1 产业规模	本国制造业增加值	9.90	23.30	33.20	保留

续表

序号	维度指标	测量指标	是否准确反映不同国家制造业的竞争力？y/n	在不同国家制造业层面是否便于计量并比较？y/n	两项指标 N 的加总	删除/保留
15		固定资产增长	30.20	33.40	63.60	删除
16		制造业总产值（VAL）	29.20	28.30	57.50	删除
17		制造业从业人数（LBR）	22.00	23.40	45.40	删除
18		制造业固定资产（CAP）	26.00	32.40	58.40	删除
19		制造业企业平均规模（SCL）	27.20	34.70	61.90	删除
20		制造业出口总额	26.60	21.00	47.60	删除
21		专业市场强弱	29.80	62.60	92.40	删除
22		经销（代理商数）	54.20	35.00	89.20	删除
23		专卖店数	42.60	30.00	72.60	删除
24		市场宣传	43.90	60.80	104.70	删除
25		广告投放	44.80	53.50	98.30	删除
26	H1 产业规模	制造业企业之间的合作	24.30	63.60	87.90	删除
27		国际市场占有率 = 地区出口总额/世界出口总额	10.80	39.50	50.30	删除
28		制造业产品国际市场占有率	33.30	35.00	68.30	删除
29		市场信誉度	20.10	57.30	77.40	删除
30		制造业出口占全球制造业出口总额比重	3.30	13.30	16.60	保留
31		（三产业总计）贸易竞争指数 = 产业（出口额 - 进口额）/产业（出口额 + 进口额）	8.30	9.90	18.20	保留
32		吸引外资的额度占总制造业总投资的比例	5.00	7.40	12.40	保留
33		进出口的容易程度	33.60	58.40	92.00	删除
34		对竞争者认知程度	46.40	75.90	122.30	删除
35		制造业国际知名品牌数量	29.30	22.40	51.70	删除
36		市场谈判能力	47.10	75.90	123.00	删除
37	H4 产业结构	基础产业增加值占全球基础产业增加值比重	19.30	16.60	35.90	保留

续表

序号	维度指标	测量指标	是否准确反映不同国家制造业的竞争力？y/n	在不同国家制造业层面是否便于计量并比较？y/n	两项指标N的加总	删除/保留
38	H4 产业结构	国际市场规模与增长率	22.70	20.00	42.70	删除
39		全球《财富》500强中本国制造业企业营业收入占全部制造业企业营业收入比重	15.90	13.20	29.10	保留
40		装备制造业增加值占制造业增加值比重	15.10	12.40	27.50	保留
41		技术工人使用技术装备的水平	34.10	44.00	78.10	删除
42		劳动力装备的平均水平	29.00	49.00	78.00	删除
43		制造业企业通过开设培训班进行员工教育	41.10	66.20	107.30	删除
44		标志性产业的产品集中度	17.60	31.30	48.90	保留
45		结构转换力	30.80	68.10	98.90	删除
46		高端技术密集型制造业出口占比	14.20	29.10	43.30	删除
47		企业密度（企业数量/平方千米）	31.60	32.40	64.00	删除
48		基础设施环境	34.10	63.70	97.80	删除
49		银行的支持度	35.40	57.60	93.00	删除
50		教育基础设施对产业的支撑度	34.10	66.30	100.40	删除
51		主要原材料的供应	36.90	57.60	94.50	删除
52		主要原材料的供应价格	39.50	46.60	86.10	删除
53		机械设备的供应数量	27.60	39.00	66.60	删除
54		机械设备的供应质量	35.70	59.30	95.00	删除
55		机械设备的供应价格	45.20	36.60	81.80	删除
56		地理位置	46.10	64.40	110.50	删除
57		能源供应	31.10	63.10	94.20	删除
58		行业协会的帮助（解除纠纷，促进企业间沟通等）	39.50	72.80	112.30	删除

续表

序号	维度指标	测量指标	是否准确反映不同国家制造业的竞争力？y/n	在不同国家制造业层面是否便于计量并比较？y/n	两项指标N的加总	删除/保留
59		数控机床数	47.50	39.90	87.40	删除
60		机器人/机器手臂代替工人数	38.40	31.50	69.90	删除
61		高科技制造业占比	20.60	21.40	42.00	删除
62		进行内部研发的制造企业比重	19.80	30.70	50.50	删除
63		本国制造业的专利授权量	20.60	26.70	47.30	删除
64		先进制造技术	17.40	55.70	73.10	删除
65		先进制造管理	21.70	59.90	81.60	删除
66		先进制造模式	20.90	55.70	76.60	删除
67	H2 质量效益	本国制造业增加值率	15.10	15.10	30.20	保留
68		制造业人均规模增加值	29.90	36.40	66.30	删除
69		企业的流动资产周转率	34.10	41.40	75.50	删除
70		企业的资本保值增值率	36.00	43.10	79.10	删除
71		全员劳动生产率	17.50	20.90	38.40	保留
72		高技术产品贸易竞争优势指数	14.10	27.50	41.60	保留
73		销售利润率	19.90	25.00	44.90	保留
74		出口产品召回通报指数	16.00	12.60	28.60	保留
75		制造业采购的标准和质量	24.10	66.70	90.80	删除
76		本国制造业拥有的世界知名品牌数	5.10	5.80	10.90	保留
77		研究人员的素质	32.00	67.70	99.70	删除
78		研究人员的可得性	27.10	53.30	80.40	删除
79	H5 可持续发展能力	工程师的素质	33.60	67.70	101.30	删除
80		工程师的可得性	33.60	48.30	81.90	删除
81		技术工人的素质	29.40	70.20	99.60	删除
82		技术工人的可得性	34.40	51.50	85.90	删除

续表

序号	维度指标	测量指标	是否准确反映不同国家制造业的竞争力？y/n	在不同国家制造业层面是否便于计量并比较？y/n	两项指标 N 的加总	删除/保留
83		员工的艺术能力、创造力等	39.40	74.70	114.10	删除
84		人才的晋升制度	45.50	72.40	117.90	删除
85		制造业研发投入强度	5.80	9.10	14.90	保留
86		制造业研发人员占制造业从业人员比重	7.40	7.40	14.90	保留
87		有效发明专利数增长率	20.60	26.40	47.00	删除
88		核心技术拥有水平	15.70	51.40	67.10	删除
89		创新成果产业化比例	19.00	43.10	62.10	删除
90		研发与技术改造能力	18.20	51.80	70.00	删除
91		研发投入占 GDP 的比重	10.00	13.40	23.40	保留
92	H5 可持续发展能力	本产业的资源消耗	31.00	47.40	78.40	删除
93		本产业三废综合利用产品产值率（和废水、废气合并）	29.30	37.40	66.70	删除
94		单位产值能耗	15.10	13.20	28.30	删除
95		网络就绪指数（NRI）	19.60	18.60	38.20	保留
96		单位制造业增加值的全球发明专利授权量	9.90	15.80	25.70	保留
97		单位制造业增加值能耗	12.60	13.30	25.90	保留
98		每百人拥有互联网宽带接入端口	51.10	27.30	78.40	删除
99		每百人拥有移动电话交换机容量	53.20	31.30	84.50	删除
100		高性能计算机在制造业中使用占比	23.60	18.60	42.20	删除
101		工业固体废物综合利用率	18.50	20.10	38.60	保留

3. 净化问项对数据结果进行信度分析

步骤一：内部一致性信度又称为同质性信度，是评定测量可靠性较常用的方法之一，Cronbach α 是反映内部一致性的系数，可在构建评价指标体系时用来测量具有一维潜在结构的变量。Cronbach α 系数的计算公式和解释说明如下：

$$r_\alpha = \frac{k}{\kappa-1}\left(1-\frac{\sum_{i=1}^{k}s_i^2}{s^2}\right)$$

其中，s_i^2 是 n 个调研受访者对变量 x_i 的所选答案值的方差：$s_i^2=\frac{1}{n-1}\sum_{j=1}^{n}(x_{xy}-\overline{x})^2$；$s^2$ 是调研受访者对 k 个变量的所有子问题的回答的方差与协方差之和：$s^2=\sum_{i=1}^{k}s_i^2+2\sum_{i=1}^{k}\sum_{j=1}^{k}s_{ij}$；其中，$s_{ij}=\frac{1}{n-1}\sum_{k=1}^{n}(x_{ik}-\overline{x})(x_{jk}-\overline{x})$；$k$ 是所要测量的问项的个数。

测量的信度，即 Cronbach α 系数多少才认为符合信度要求，这是一个统计学方法比较复杂的问题。美国统计学家约瑟夫·P.海尔（Joseph P.Hair），罗尔夫·E.安德森（Rolph E.Anderson），罗纳德·L.塔森（Ronald L.Tatham），威廉·C.布莱克（William C.Black）等认为，α>0.7 较可靠，本书遵从了这个经验标准。

步骤二：具体做法是计算"corrected item-total correlation"的相关系数。

小于0.4的，删除该问项（有特殊原因的除外）。

高级简化：在上一步之后，计算每个维度的 α 系数，小于0.7的维度删除。

计算所用的数据是7级（从完全不同意到完全同意）评分的数据（说明：这里是对一级指标的贡献做评价，而不是某个指标的实际值）。

步骤三：本次调查问卷发放了160份，回收了139份，如前所述，发放对象是专业的制造业产业专家，既包括不同的领域（企业、政府、科研院所），又兼顾制造业产业门类（流程和离散；有代表性的制造业门类），调研对象的分布是比较理想的，规避了大面积调研问卷带来较大比例无效问答的可能性。但是，对于这些专业的产业专家，其回答问卷的可靠性仍然是存疑的，因为即便对于专业人士在受访的时候，仍然可能发生受访者信度不够的问题，如专业受访者受时间、事务、心情等多方面影响，而对调查问卷未给予足够的重视等。类似体操裁判给体操运动员打分，我们需要选定一定数量的"裁判"对这些调查问卷进行审核和打分。本书为了规避这个科学研究的疏漏和风险，进行了评价者信度（inter-observer reliability）检验，在前文57位专家中，选择15位按原定专业分3组作为裁判对139份发回的调研问卷进行评价者信度检验。评价者信度检验有多重方法，如果评价者多于2个人，评价者信度可以采用肯德尔和谐系数（Kendall's coefficient of concordance）来表达，肯德尔和谐系数适用于表示多列等级变量相关程度。其计算公式如下：

$$W = 12\left[\sum R_i^2 - \left(\sum R_i\right)^2 / n\right]\left[k^2(n^3 - n)\right]$$

$$W = 12k^2(n^3 - n)\left[\sum_{i=1}^n R_i^2 - \frac{(\sum_i^n R_i)^2}{n}\right]$$

这个公式中，即让 k 个（15）评价者对 n 个（139）被评者进行等级评定，每个评价者都能对 n 个返回问卷排出一个等级顺序，这样就可得到 k 个等序列。W 为肯德尔和谐系数，R_i 为 k 个评价者对第 i 个返回问卷综合评分之和：$R_i = \sum_{j=1}^k r_{ij}$，其中 r_{ij} 是第 j 个评价者对第 i 个返回问卷的综合评分。

15位评价者对139项返回问卷进行访问者信度检验，代入公式计算后，$W=0.96$，需检验评价者的意见是否有显著的一致性（$\alpha=0.01$），计算后，查询"肯德尔和谐系数（W）显著性临界值表"得到结果，一致性通过。

4. 形成净化量表

通过以上信度分析来缩减和构建制造业竞争力评价指标体系，形成因子分析前的净化量表，简称"4-21制造业产业竞争力指标体系"因子分析前的净化量表，见附录C。

4.4 变量检验与构建效度

在本节（4.4节）之前的工作，我们已经完成了如下的（1）、（2）、（3）三步工作。本节及4.5节主要完成（4）、（5）两步工作。

（1）构建测量复合型变量的向度。

（2）设计测量各个向度的问项（这里是二级指标）。

（3）用上述量表（问卷）测量，收集数据。

（4）对所有问项的数据做因子分析。

（5）把公因子与向度（构面）对比。

对"4-21制造业产业竞争力指标体系"评分流程如下。

问卷填写者需要判断下列21个指标是否能够描述国家制造业竞争力。其中，1代表完全不同意，7代表完全同意。通过点对点以及点对群的问卷发放，发放对象仍然考虑了专家的专业方向，发放400份，共收回有效问卷218份。

（1）基于218份有效问卷（"制造业竞争力指标"评分）各维度指标的"Corrected Item-Total Correlation"。

本书采用SPSS 16.0版本做计算。单击scale—reliability—把同维度（同一级指标）下的问项送入右框—statistics—选scale if item deleted—输出Item-Total Statistics—该表中有"Corrected Item-Total Correlation"。

① 制造业产业规模。

Case Processing Summary

Cases		N	%
	Valid	218	100.0
	Excluded[a]	0	0.0
	Total	218	100.0

a. Listwise deletion based on all variables in the procedure.

Item-Total Statistics

	Scale Mean if Item Deleted	Scale Variance if Item Deleted	Corrected Item-Total Correlation
产业规模1制造业增加值	13.7385	9.014	0.544
产业规模2制造业出口占全球比	13.5642	8.837	0.589
产业规模3三个产业贸易指数	12.7752	10.765	0.246
产业规模4"吸外资/制造业总投"	13.0275	11.133	0.374

由上表数据第三列（Corrected Item-Total Correlation列）可知，制造业产业规模扩张三个产业贸易指数及制造业产业规模4"吸外资/制造业总投"两个二级指标的"Corrected Item-Total Correlation"相关系数，小于0.4，应当删除。

删除后，产业规模维度指标由2个二级测量指标（制造业增加值及制造业出口占全球比）构成。

②制造业产业结构。

Item-Total Statistics

	Scale Mean if Item Deleted	Scale Variance if Item Deleted	Corrected Item-Total Correlation	Cronbach's Alpha if Item Deleted
产业结构1基础产业增加值占全球比重	13.6514	20.025	0.898	0.941
产业结构2全球《财富》500强中本国制造业企业营业收入占比	14.0138	19.921	0.894	0.943
产业结构3装备制造业增加值占制造业增加值比重	13.6789	19.998	0.892	0.943
产业结构4标志性产业的产品集中度	14.0321	20.004	0.889	0.944

由上表数据第三列（Corrected Item-Total Correlation 列）可知，4 个二级测量指标的"Corrected Item-Total Correlation"相关系数，大于 0.4，应当保留。制造业产业结构维度指标，由基础产业增加值占全球比重、全球《财富》500 强中本国制造业企业营业收入占比、装备制造业增加值占制造业增加值比重、标志性产业的产品集中度 4 个二级测量指标构成。

③制造业质量效益。

Item-Total Statistics

	Scale Mean if Item Deleted	Scale Variance if Item Deleted	Corrected Item-Total Correlation	Cronbach's Alpha if Item Deleted
质量效益 1 制造业增加值率	24.2064	30.183	0.483	0.881
质量效益 2 全员劳动生产率	25.0046	24.871	0.766	0.836
质量效益 3 高技术产品贸易竞争优势指数	24.8899	24.937	0.796	0.831
质量效益 4 销售利润率	24.9908	24.940	0.767	0.836
质量效益 5 出口产品召回通报指数	25.0092	25.023	0.751	0.839
质量效益 6 拥有世界知名品牌数	26.3578	27.964	0.508	0.881

由上表数据第三列（Corrected Item-Total Correlation 列）可知，6 个二级指标的"Corrected Item-Total Correlation"相关系数，大于 0.4，应当保留。

制造业质量效益一级指标，由 6 个二级测量指标（制造业增加值率、全员劳动生产率、高技术产品贸易竞争优势指数、销售利润率、出口产品召回通报指数、拥有世界知名品牌数）构成。

④制造业可持续发展能力。

Item-Total Statistics

	Scale Mean if Item Deleted	Scale Variance if Item Deleted	Corrected Item-Total Correlation	Cronbach's Alpha if Item Deleted
可持续发展能力 1 制造业研发投入强度	27.7615	33.335	0.800	0.843

续表

	Scale Mean if Item Deleted	Scale Variance if Item Deleted	Corrected Item-Total Correlation	Cronbach's Alpha if Item Deleted
可持续发展能力2 研发人员比例	27.8991	32.027	0.824	0.838
可持续发展能力3 制造业研发/GDP	28.3486	35.371	0.570	0.872
可持续发展能力4 网络就绪指数	28.7156	37.578	0.507	0.878
可持续发展能力5 单增专利	28.7431	36.063	0.607	0.867
可持续发展能力6 制造业单增能耗	28.0183	34.359	0.717	0.853
可持续发展能力7 固废利用率	28.9266	33.331	0.627	0.867

由上表数据第三列（Corrected Item-Total Correlation列）可知，7个二级指标的"Corrected Item-Total Correlation"相关系数，大于0.4，应当保留。

制造业可持续发展竞争力维度指标，由7个二级测量指标 [制造业研发投入强度、研发人员比例、制造业研发/GDP、网络就绪指数、单增专利、制造业单增能耗、固废利用率] 构成。

（2）基于218份有效问卷（"制造业竞争力指标"评分）各一级指标的科隆巴赫 α 系数（Cronbach's Alpha）。

①制造业产业规模。

Reliability Statistics

Cronbach's Alpha	N of Items
0.868	2

上表显示，制造业产业规模维度（一级指标）的科隆巴赫 α 系数为0.868，大于0.7，信度符合要求。

②制造业产业结构。

Reliability Statistics

Cronbach's Alpha	N of Items
0.956	4

上表显示，制造业产业结构维度（一级指标）的科隆巴赫 α 系数为 0.956，大于 0.7，信度符合要求。

③制造业质量效益。

Reliability Statistics

Cronbach's Alpha	N of Items
0.874	6

上表显示，制造业质量效益竞争力维度（一级指标）的科隆巴赫 α 系数为 0.874，大于 0.7，信度符合要求。

④制造业可持续发展能力。

Reliability Statistics

Cronbach's Alpha	N of Items
0.878	7

上表显示，制造业可持续发展能力维度（一级指标）的科隆巴赫 α 系数为 0.878，大于 0.7，信度符合要求。

4.5 因子分析与指标体系的假设验证

本书采用 SPSS 16.0 版做构想效度的因子分析，操作如下。

（1）单击 SPSS 图标，启动 SPSS 统计分析软件，调入问卷数据。

（2）单击 Analyze—Data Reduction—Factor，系统弹出选择变量与分析内容的主窗口。

（3）在主窗口中，把左框中要做因子分析的问项（变量），用箭头送入右边的 Variables 框中，本研究除在信度分析时删除的"产业规模3与规模扩张力4"以及"问卷号"以外,其他变量都调入右边的Variables框中。

(4)单击Descriptive按钮,系统弹出有关描述的小对话窗,选择"KMO and Bartlett's test of sphericity"(KMO测度和巴特利特球体检验),单击Continue,返回主窗口。

(5)在主窗口单击Extraction按钮,系统弹出"提取"对话窗,该窗口上部有个Method小框,要求你选择提取因子的方法。系统的默认值是主成分法(principal components)。我们接受这个默认方法。该窗口下部的Extract小框内,有两项选择,要求决定提取因子的个数。系统默认选择是Eigenvalue over 1(特征根大于1)。我们接受系统的这个默认值。单击Continue,返回主窗口。

(6)在主窗口单击Rotation按钮,系统弹出"旋转"对话窗。该窗口上部的Method小框,要求你选择因子旋转的方法。我们选Varimax(方差最大旋转)法。这是一种正交旋转法,它使公共因子的负载向正负1或0靠近,有利于解释公共因子的实际含义。该窗下部的Display小框,要求指定旋转后的输出选项,系统默认值是Rotation solution。我们接受这个默认值。单击Continue,返回主窗口。

(7)单击OK,系统输出计算结果,见表4-2至表4-4。

表4-2 KMO测量与Bartlett检验

Kaiser-Meyer-Olkin Measure of Sampling Adequacy		0.784
Bartlett's Test of Sphericity	Approx. Chi-Square	5.022E3
	df	171
	Sig.	0.000

(8)结果分析。表4-2是有关KMO测度和巴特利特球体检验结果。该表结果显示:KMO值为0.784,显示本书调研数据适宜做因子分析。表中的巴特利特球体检验的x统计值的显著性概率是0.000,小于1%,说明数据具有相关性,是适宜做因子分析的。

表 4-3 总方差分解表

Component	Initial Eigenvalues			Extraction Sums of Squared Loadings			Rotation Sums of Squared Loadings		
	Total	% of Variance	Cumulative %	Total	% of Variance	Cumulative %	Total	% of Variance	Cumulative %
1	8.447	44.459	44.459	8.447	44.459	44.459	3.897	20.512	20.512
2	2.107	11.089	55.549	2.107	11.089	55.549	3.862	20.327	40.838
3	1.663	8.750	64.299	1.663	8.750	64.299	3.752	19.747	60.586
4	1.335	7.028	71.327	1.335	7.028	71.327	2.041	10.741	71.327
5	0.980	5.156	76.482						
6	0.813	4.280	80.763						
7	0.769	4.050	84.812						
8	0.673	3.545	88.357						
9	0.506	2.661	91.019						
10	0.433	2.278	93.297						
11	0.369	1.942	95.239						
12	0.294	1.549	96.788						
13	0.261	1.373	98.161						
14	0.202	1.065	99.226						
15	0.079	0.417	99.642						
16	0.036	0.190	99.832						
17	0.018	0.095	99.927						
18	0.010	0.054	99.980						
19	0.004	0.020	100.000						

Extraction Method: Principal Component Analysis.

表 4-4 旋转后的因子矩阵表[a]

	Component			
	1	2	3	4
产业规模1制造业增加值	0.166	0.090	0.092	0.881
产业规模2制造业出口占全球比	0.141	0.257	0.107	0.846
产业结构1基础产业增加值占全球比重	0.880	0.216	0.229	0.093

续表

	Component			
	1	2	3	4
产业结构2 全球《财富》500强中本国制造业企业营业收入占比	0.826	0.296	0.236	0.199
产业结构3 装备制造业增加值占制造业增加值比重	0.878	0.215	0.232	0.085
产业结构4 标志性产业的产品集中度	0.821	0.297	0.254	0.197
质量效益1 制造业增加值率	0.198	0.230	0.558	-0.0098
质量效益2 全员劳动生产率	0.265	0.109	0.820	0.040
质量效益3 高技术产品贸易竞争优势指数	0.121	0.123	0.858	0.141
质量效益4 销售利润率	0.272	0.107	0.815	0.054
质量效益5 出口产品召回通报指数	0.041	0.173	0.830	0.180
质量效益6 拥有世界知名品牌数	0.246	0.369	0.469	0.240
可持续发展能力1 制造业研发投入强度	0.458	0.754	0.172	-0.044
可持续发展能力2 研发人员比例	0.470	0.778	0.164	-0.058
可持续发展能力3 制造业研发/GDP	0.130	0.680	0.124	0.119
可持续发展能力4 网络就绪指数	0.050	0.600	0.158	0.215
可持续发展能力5 单增专利	0.046	0.682	0.107	0.408
可持续发展能力6 制造业单增能耗	0.322	0.725	0.173	0.019
可持续发展能力7 固废利用率	0.365	0.525	0.272	0.312

Extraction Method: Principal Component Analysis.
Rotation Method: Varimax with Kaiser Normalization.
a. Rotation converged in 6 iterations.

表4-3是总方差分解表。

该表的成分（Component）列，给出了对应于不同特征根的成分编号。该表的初始特征值（Initial Eigenvalues）的Total小列，给出了原始数据的相关系数矩阵**R**的特征根的值。大于1的特征根有4个，分别是：8.447，2.107，1.663，1.335。该表的Initial Eigenvalues的% of Variance小列，给出了所占总体方差的比例。它们分别是：44.459，11.089，8.750，7.028。该表的Initial Eigenvalues的

Cumulative % 小列给出了所占方差的累积比例。它们分别是：44.459，55.549，64.299，71.327。也就是说，4个特征根大于1的公因子已经能够解释71.327%的变化。该表的旋转平方和载入（Rotation Sums of Squared Loadings，最后一大列，包含3个小列）的Total小列，给出了所选中的4个因子对应的负载的平方和。它们分别是：3.897，3.862，3.752，2.041。该表的Rotation Sums of Squared Loadings的方差（% of Variance）小列，给出了所占总体方差的比例。它们分别是：20.512，20.327，19.747，10.741。该表的旋转平方和载入列给出了所占方差的累积比例。它们分别是：20.512，40.838，60.586，71.327。也就是说，所选的4个因子（特征根大于1的因子）解释了总体方差的71.327%。

表4-4是旋转后的因子矩阵表，它给出了4个因子负载值。

该表中的负载数据显示，因子1对制造业产业结构优化构面（向度）有较大影响，因子负载分别为0.880，0.826，0.878，0.821，都在0.5之上。"产业结构"构面的4个问项（二级测量指标）都反映在这个因子上了。这个因子，可以称为"制造业产业结构"因子。这表明问卷（指标体系）中，对"制造业产业结构"层面的设计是恰当的。该表中的负载数据显示，因子2对"制造业可持续发展能力"的层面（向度）影响大，因子负载分别为0.754，0.778，0.680，0.600，0.682，0.725，0.525，都在0.5之上。"制造业可持续发展能力"构面的7个问项（二级指标）都反映在这个因子上了。因子2可以被称为"制造业可持续发展能力"因子。这表明问卷（指标体系）中对"制造业可持续发展能力"构面的设计是恰当的。该表中的负载数据显示，因子3对"制造业质量和效益"的构面（向度）影响大，因子负载分别为0.558，0.820，0.858，0.815，0.830，0.469，除最后一个负载小于0.5之外，都在0.5之上。而最后一个负载为0.469，接近0.5，并且最后一个负载对应的二级指标是"拥有世界知名品牌数"（全球《财富》500强中本国制造业企业营业收入占全部制造业企业营业收入比重），在另外3个公因子（公因子1、2、4）上的负载（分别为：0.246，

0.369，0.240）均小于在该公因子（公因子3）上的负载，所以也满足要求。也就是说，"制造业质量效益"层面的6个问项（二级指标）都反映在这个因子上了。因子3可以称为"制造业质量效益"因子。这表明问卷（指标体系）中对"制造业质量效益竞争力"构面的设计是恰当的。该表中的负载数据显示，因子4对"制造业产业规模"构面（向度）有较大影响，因子负载分别为：0.881，0.846。"制造业产业规模"构面的2个问项（二级指标）都反映在这个因子上了。这个因子，可以被称为"制造业产业规模"因子。这表明问卷（指标体系）中，对"制造业产业规模"层面的设计是恰当的。

至此，本书完成了"制造业产业竞争力评价指标体系"的构建，以及信度、效度的检验过程，证明了"4-19制造业产业竞争力评价指标体系"的建立，经过了统计检验，是科学的，可用于评价国家制造业产业竞争力，见表4-5。

表4-5 制造业产业竞争力评价指标体系（4-19量表）

序号	维度指标（4个）	测量指标（19个）
1	产业规模	一国（或地区）制造业的增加值
2		制造业出口占全球制造业出口总额的比重
3	质量效益	出口制造业产品的总体质量
4		一国（或地区）制造业拥有的世界知名品牌数
5		一国（或地区）制造业增加值率
6		制造业全员劳动生产率
7		高技术产品贸易竞争优势指数
8		制造业整体的销售利润率
9	产业结构	基础产业增加值占全球基础产业增加值的比重
10		制造业企业营业收入占全部制造业企业营业收入的比重
11		装备制造业增加值占制造业增加值的比重
12		标志性产业的产品集中度

续表

序号	维度指标（4个）	测量指标（19个）
13	可持续发展能力	制造业研发投入强度
14		制造业研发人员占制造业从业人员比重
15		制造业研发投入占GDP的比重
16		单位制造业增加值的全球发明专利授权量
17		单位制造业增加值能耗
18		工业固体废物综合利用率
19		信息化水平显性指标

研究假设的验证结果如表4-6所示。

表4-6 研究假设的验证结果

研究假设	效度和信度统计过程	通过检验后的维度指标
H1 产业规模优势及其经济效应可以影响制造业产业竞争力	H1、H9	1. 规模发展维度
H2 产业质量和效益对制造业产业竞争力有积极影响	H2、H8、H9	2. 质量效益维度
H3 技术创新促进科技成果向现实生产力转化是制造业竞争力的源泉	—	—
H4 产业集聚和产业结构的优化将充分转化为现实的产业竞争力	H4、H9	3. 产业结构调整维度
H5 产业可持续发展能力是经济服务社会提升产业竞争力的有力保证	H3、H5、H6、H7、H8	4. 可持续发展能力维度
H6 人力资本是制造业竞争力最重要的驱动因素	—	
H7 本国政府因素和政策在资源配置中的作用导致了产业竞争力的差异	—	
H8 资源禀赋和软硬件决定了一国产业竞争力的比较优势	—	
H9 企业个体和集群使得企业共享区域公共设施、市场环境和外部经济，降低信息交流和物流成本，形成区域集聚效应，进而提升其产业的竞争力	—	

4.6 本章小结

为了更好地对"制造业产业竞争力"这个概念（复合变量）进行测量，并验证理论假设，本书结合管理学专家马庆国教授提出和验证的基于构想效度检验的探索性因子分析法，通过收集调查问卷和统计分析，来验证理论假设的正确性，收集辅助证据淘汰与假设相反的问卷问题，分别建立了"9-306制造业产业竞争力指标池""5-101制造业产业竞争力指标体系"和"4-21制造业产业竞争力指标体系"，三轮次问卷调查以及信度、效度检验后，顺利通过统计检验，建立了"4-19制造业产业竞争力评价指标体系"。

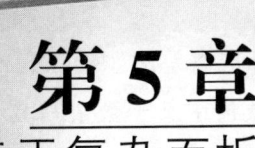

第 5 章 基于复杂面板数据的模型构建及测量

5.1 评价模型的理论基础

基于前文的研究结论，本书提出了基于经济福利视角的制造业产业竞争力评价指标体系，最终的目的是研以致用，以产业竞争力评价绩效得分的形式，体现产业竞争力水平的高低，进而提出政策建议。目前对于评价指标体系赋值评分的方法，包括主观赋值法和客观赋值法两大类。主观赋值法对现实的解释性较强，但缺少计量的严密性，客观赋值法确定的权重精度较高，但存在与实际情况相悖、对所得到的结果难以给出明确解释的情况。两者都有利弊。学术界和企业界目前主流的客观赋值法包括三类，王伟楠对此进行了详细的整理。

5.1.1 熵权法

熵原本是一个热力学概念，目前已经在控制论、概率论、数论、天体物理、生命科学等领域广泛应用。按照熵信息论基本原理的解释，信息是系统有序程度的一个度量，熵是系统无序程度的一个度量。指标的信息熵 E_j 越小，表明该指标的变异程度越大，提供的信息量就大，在综合评价中所起作用理当越大，则权重就越高；反之亦然。

5.1.2 标准离差法

标准离差法(standard deviation method)是指统计上用于衡量一组数值中某一数值与其平均值差异程度的指标。与熵权法(entropy weight method,EWM)类似,通常情况下,某个指标的标准差越大,就表明其指标值的变异程度越大,所包含的信息量越大,在综合评价中,所占的权重也越大;反之则越小。

5.1.3 CRITIC 法

CRITIC 法是由迪亚库拉基(Diakoulaki)教授提出的一种客观权重赋权法。它的基本思路是确定指标的客观权数以两个基本概念为基础:一是对比强度,它表示同一指标各个评价方案取值差距的大小,以标准差的形式来表现,即标准差的大小表明了在同一指标内各方案的取值差距的大小,标准差越大则各方案的取值差距越大。二是评价指标之间的冲突性,指标之间的冲突性以指标之间的相关性为基础,如两个指标之间具有较强的正相关关系,则说明两个指标冲突性较低。

由于评价指标体系中的各项指标的量纲不同,因此不宜直接比较其差别程度。为了消除各项评价指标的量纲不同的影响,需要用各项指标的变异系数来衡量各项指标取值的差异程度,以上三种客观赋值法均是这个思路,都要依赖足够多的样本数据和实际的对问题本身的理解,因此通用性和可参与性不足,而且计算方法复杂,通常结果的解释性较差。

基于本书研究的实际需求,提高解释性和应用性,本书将采用主观赋值法,使用目前最为广泛、应用最为成熟的层次分析法。层次分析法是美国运筹学家、匹兹堡大学托马斯·L.萨蒂(Thomas L.Saaty)教授在20世纪70年代初期提出的,是对定性问题进行定量分析的一种简便、灵活而又实用的多准则、多方案决策方法。它的特点是把复杂问题中的各种因素通过划分为相互联系的有序层次,使之条理化,根据对一定客观现实的主观判断结构(主要是两两比较)把专家意见和分析者的客观判断结果直接而有效地结合起来,然后利用数学方法计算反映每一层次元素的相对重要性次序的权值,通过所有层次之间的总排序计算所有元素的相对权重并进行排序。层次分析法将定性分析与定量分析相结合来处理各种决策因素,且具有系统、灵活、简洁的优点,可以满足本书的实际研究需求。

另外,因依赖于人为主观判断,AHP方法经常被人诟病。本书将采用统计平均数法(statistical average method),在传统层次分析的基础上采取增加专家赋权数量和注重专家遴选两条途径,来尽可能规避以上缺陷。统计平均数法是根据所选择的各位专家对各项评价指标所赋予的相对重要性系数分别求算术平均值,计算出的平均数作为各项指标的权重。

5.2 产业数据统计口径的可比性

在产业竞争力的研究过程中,通常会进行国际对比研究,本书也是如此,除了定性的数据外,定量的产业数据和统计口径必须等同等效才具有可比性,这是国别比较研究的基础。制造业在各国国民经济中的统计分类大同小异,目前主要有三个比较大的统计标准体系:中国国民经济行业分类标准、北美产业分类体系(North American Industry Classification System,NAICS)和国际标准产业分类体系(International Standard Industrial Classification Of All Economic Activities,ISIC)。

5.2.1 中国国民经济行业分类标准中的制造业口径

按照《国民经济行业分类》的国家标准(GB/T 4754—2011,2011年第三次修订),制造业属于C门类,包括13~42共30大类、约168中类和422小类,见表5-1。按照三次产业分类法,第一产业为"农、林、牧、渔业",第二产业为"工业和建筑业",第三产业为"服务业"(第一产业和第二产业以外的产业)。其中第二产业的"工业"包括"采矿业""制造业"和"电力、燃气及水的生产和供应业"。2012年,国家质量监督检验检疫总局和中国国家标准化管理委员会颁布了中国《国民经济行业分类》(GB/T 4754—2011),国家统计局在对2003年《三次产业划分规定》的修订中,将C门类"制造业"中的"43金属制品、机械和设备修理业"这部分划为"服务业"。

表5-1 《国民经济行业分类》中制造业所在的门类和大类

三次产业分类	《国民经济行业分类》(GB/T 4754—2011)		
	门类	大类	名称
第一产业(农业)	A	1~4	农、林、牧、渔业
第二产业 (工业+建筑业)	B	6~10,12	采矿业
	C	13~42	制造业
	D	44~46	电力、热力、燃气及水生产和供应业
	E	47~50	建筑业
第三产业 (服务业)	A	5	农、林、牧、渔业服务业
	B	11	开采辅助活动
	C	43	金属制品、机械和设备修理业
	F~T	51~96	批发和零售业,交通运输、仓储和邮政业,住宿和餐饮业,信息传输、软件和信息技术服务业,金融业,房地产业,租赁和商务服务业,科学研究和技术服务业,水利、环境和公共设施管理业,居民服务、修理和其他服务业,教育,卫生和社会工作,文化、体育和娱乐业,公共管理、社会保障和社会组织,国际组织

资料来源:《国民经济行业分类》(GB/T 4754—2011)中制造业所在的门类和大类,国家统计局。

5.2.2 北美产业分类体系中的制造业口径

20世纪90年代初期,美国、加拿大和墨西哥签署《北美自由贸易协议》,建立了北美自由贸易区。1994年7月,三国同意开发统一的北美产业分类体系。NAICS采用六位线性分类编码结构,将社会经济活动区分为部门、子部门、组、NAICS产业和国家产业五个层次。部门码为两位代码,右侧再增一位形成子部门的三位代码,再增加一位形成组的四位代码,再增一位形成NAICS的五位产业代码,再增加一位则形成各国国家产业的六位代码。以服务业、高科技产业为主，是 NAICS 分类体系的特点。邓尚杰认为截止到 20 世纪 80 年代末，北美经济经过一段时间的稳定发展后，三国的产业结构均发生了一些较为明显的积极变化，一个明确的特点是服务业在各个国家整个经济中的比例越来越大，而一次产业和二次产业比例越来越小，从事如计算机、生物科技等的高科技企业越来越多，原来的产业体系不足以反映现实情况。因此 NAICS 根据现实需求增加了相当数量的新的产业类别，梳理产业特征，强化和细分了服务业的分类。与此同时，NAICS 对高科技产业进行了细化。在 NAICS 的美国分类中，我们可以看到其总分类条目有 170 条，而大部分是关于第三产业的服务业的分类细目，尤其是增加了较多科技含量较高的产业。在 NAICS 2007 美国版分类中，制造业被划分为 3 个"部门"，详见表 5-2。

表 5-2 北美产业分类体系中制造业所在的位置和门类

三次产业分类	部门	产业名称
第一产业	11	农、林、渔业和狩猎
第二产业	21	采矿业
	23	建筑业
	31~33	制造业
第三产业	22	公用事业
	42	批发业
	44~45	零售业
	48~49	运输与仓储
	51	信息业
	52	金融与保险
	53~56	房地产与租赁业，专业、科学与技术服务，公司与企业管理，行政与支持，废物管理及污染治理业
	61~62	教育服务，卫生保健与社会援助
	71~72	艺术、娱乐和休闲业，住宿和餐饮业
	81	其他服务业
	92	公关管理

资料来源：《北美产业分类体系》（NAICS-2012）中制造业所在的位置和门类，美国统计署（2012 年）。

5.2.3 国际标准产业分类体系中的制造业口径

1948年，联合国统计司开始设计国际标准产业分类体系方案。ISIC 4.0 版本于 2006 年统计委员会第 37 次会议审议通过后于 2009 年印发。ISIC 是国际最具影响力的产业分类体系之一。联合国、联合国工业发展组织、国际劳工组织、联合国粮食及农业组织、联合国教科文组织、经济合作与发展组织（OECD）等国际机构均采用该分类标准，公布和分析相关的统计数据。ISIC 体系分为四级结构，第一级为门类，按字母顺序排列编码；第二级为类，由两位数字编码；第三级为大组，按三位数字编码；第四级为组，按四位数字编码（联合国经济和社会事务部，2009）。ISIC 4.0 版本中共有 21 个门类、88 个类、238 个大组和 420 个组，其中制造业属于 C 门类，包括 10~33 共 24 类、71 大组和 137 组，详见表 5-3。

表 5-3 国际标准产业分类中制造业所在的门类和类

三次产业分类	《国际标准产业分类》（ISIC 4.0—2009）		
	门类	类	名称
第一产业（农业）	A	01~03	农业、林业及渔业（农牧混合）
第二产业（工业+建筑业）	B	05~09	采矿和采石
	C	10~33	制造业
	D	35	电、煤气、蒸汽和空调的供应
	E	36~39	供水；污水处理、废物管理和补救活动
	F	41~43	建筑业
第三产业（服务业）	G	45~47	批发和零售业；汽车和摩托车的修理
	H	49~53	运输和储存
	I	55~56	食宿服务活动
	J	58~63	信息和通信
	K~U	64~99	金融和保险活动；房地产活动；专业、科学和技术活动；行政和辅助服务活动；公共管理与国防；强制性社会保障；教育；人体健康和社会工作活动；艺术、娱乐和文娱活动；其他服务活动；家庭作为雇主的活动；家庭自用、未加区分的物品生产及服务的活动；国际组织和机构的活动

资料来源：国际标准产业分类 ISIC 4.0 版（2009 年）中制造业所在的门类和类，联合国工业发展组织。

综上，我国国民经济行业分类和 ISIC 中，制造业的分类比较统一。在 NAICS 中，"电力生产、传输和配送，天然气配送，水供应和灌溉、污水处理系统，蒸汽和制冷供应"归属于第三产业服务业，在联合国 ISIC 和我国行业分类标准中被归于第二产业。三大标准分类体系中制造业的统计口径同质等效，使制造业统计数据在国际对比产业特征、趋势和发展成为可能。

5.3 评价指标数据的收集和获取

要客观、准确地反映制造业产业竞争力，评价指标数据的收集和获取应尽可能利用现有统计资料提供的数据。指标体系的规模要适当，指标多寡各有利弊。理论上来说，指标太少，虽然能够减少评价的工作量，但是难以综合反映评价对象的特征和全貌。指标过多，虽然有利于把握评价对象的特征，但是加大了评价的工作量，尤其是采用加性并和规则时，指标间的互补性会掩盖评价对象之间的差异性。应根据重点和准确相结合、科学性和可行性相结合、过程指标和状态相结合的原则来收集和获取数据。

5.3.1 逻辑指标向测量指标的转换

在 4.2 节和 4.3 节中，本书对反映产业竞争力的指标进行检索和整理，形成了指标体系的"指标池"，这些单个的指标有的可统计、可测量，有的是定性的描述。本节基于四个维度测量指标逐个进行向量（测量）指标的转换，以使后续计量顺利进行。

"产业规模"是反映制造业体量发展的程度、国际地位和国际市场实际占有能力的指标。"产业规模"发展指标具体表述为两个逻辑选取角度，即"规模总量"和"规模竞争力"的概念。作为人口大国的中国，制造业增加值的绝对量（即绝对值）承担着世界上最大的制造业从业人员，直接或间接负担着全国大部分人口的收入来源和生活来源，因此评价中国的产业竞争力，离不开"制造业增加值"绝对值这个指标；同时，在国别评价和比较过程中,"人均制造业增加值"反映了制造业发展水平的高低,是重要的参考指标。因此"制造业增加值"指标由"增加值的绝对值"和"人均制造业增加值"两个指标平权合成而得到,用来反映"规模总量"维度的水平高低,"制造业出口占全球制造业出口总额比重"用来反映"规模竞争力"。产业规模测量指标的说明如表5-4所示。

表5-4 产业规模测量指标的说明

测量指标	统计指标(或测量指标的量化)
制造业增加值	制造业增加值(现价) 国民人均制造业增加值两个数据进行综合评价
制造业出口占全球制造业出口总额比重	当期本国制造业出口额/当期全球制造业出口总额

"质量效益"是反映制造业的产品竞争力和实际运行绩效的逻辑指标。该逻辑指标有三个方面的选取维度,即"制造业产品的质量竞争力""制造业产业的运作效率"和"制造业产业的运行效益"。"制造业产品的质量竞争力"维度选择指标有"出口产品召回通报指数""本国制造业拥有世界知名品牌数";"制造业产业的运作效率"维度选择指标有"制造业增加值率""制造业全员劳动生产率";"制造业产业的运行效益"维度选择指标有"高技术产品贸易竞争优势指数"和"销售利润率",如表5-5所示。

表5-5 产业质量效益测量指标的说明

具体指标名称	计算公式	说明
出口产品召回通报指数	本国每10亿美元被欧盟、美国通报和召回的数量两个数据进行综合评价	由于美国、欧盟对外通报/召回信息中,只涉及产品名称、原产地、可能造成的伤害等信息,不涉及产品金额,无法统计通报/召回产品造成的损失,因此使用通报/召回次数来进行统计
本国制造业拥有世界知名品牌数	本国制造业拥有世界知名品牌数	数据来源为世界品牌实验室(World Brand Lab)发布的世界品牌500强企业中我国制造业企业数(不包括港澳台)

续表

具体指标名称	计算公式	说明
制造业增加值率	制造业增加值（现价）/ 制造业总产值（现价）	
制造业全员劳动生产率	制造业增加值 / 全部从业人员年底总人数	
高技术产品贸易竞争优势指数	当期本国高技术产业产品进出口贸易的差额（出口－进口）/ 当期该进出口总额	通过2003年的《科学技术和工业记分牌》，经济合作与发展组织提出高技术产业包括航空航天制造业、计算机与办公设备制造业、电子与通信设备制造业、医药品制造业。贸易竞争优势指数（TC）是分析产业国际竞争力的有效工具。如果一国高技术产品的TC>0，表示该国高技术产品的生产效率高于国际水平，具有贸易竞争优势，且数值越大，优势越大。相反，如果高技术产品的TC<0，则表示该国是高技术产品的净进口国，其生产效率低于国际水平，处于竞争劣势
销售利润率	当期本国制造业企业利润总额 / 营业收入	

"产业结构"是反映制造业组织方式和能力之比较优势的指标。"结构"优化指标在两个选取维度上体现，即"国际产业结构优化""国内产业结构优化"。其中，"国际产业结构优化"维度选择指标有"基础产业增加值占全球基础产业增加值比重"和"全球《财富》500强中本国制造业企业营业收入占全部制造业企业营业收入比重"；"国内产业结构优化"维度选择指标有"装备制造业增加值占制造业增加值比重"和"标志性产业的产品集中度"。指标说明如表5-6所示。

表5-6 产业结构测量指标的说明

具体指标名称	计算公式	说明
基础产业增加值占全球基础产业增加值比重	当期本国制造业基础产业增加值 / 当期全球制造业基础产业增加值	本指标体系定义的基础产业包括轴承、通用零部件、数控机床、仪器仪表产业

续表

具体指标名称	计算公式	说明
全球《财富》500强中本国制造业企业营业收入占全部制造业企业营业收入比重	当期本国全球500强中制造业企业营业收入总额/当期全球500强中制造业企业营业收入总额	美国《财富》杂志评选的"全球最大（营业收入）500家公司"排行榜中的制造业企业
装备制造业增加值占制造业增加值比重	当期本国装备制造业增加值/当期国内制造业增加值	
标志性产业的产品集中度	当期所选产业销售收入排名前五位的国内企业销售收入总额/当期国内所选产业企业销售收入总额	本指标体系定义的标志性行业包括：集中度较高的汽车、船舶、钢铁，集中度较低的电线电缆、机床；产业集中度取C5

"可持续发展能力"是反映制造业未来发展外部驱动要素潜质的指标。"可持续发展能力"指标具体在三个维度上体现，即"创新能力""绿色发展""信息化水平"。其中，"创新能力"维度选择指标有"单位制造业增加值的全球发明专利授权量""制造业研发投入强度"和"制造业研发人员占从业人员比重"；"绿色发展"维度选择指标有"单位制造业增加值能耗""工业固体废物综合利用率"；"信息化水平"维度选择指标是"网络就绪指数"。产业可持续发展能力测量指标的说明如表5-7所示。

表5-7 产业可持续发展能力测量指标的说明

具体指标名称	计算公式	说明
单位制造业增加值的全球发明专利授权量	当期本国制造业全球发明专利授权量/当期制造业增加值	全球发明专利授权量为累计授权量次
制造业研发投入强度	当期本国制造业研发投入/销售收入	"研发投入"统计口径包括"人员人工[①]+直接投入[②]+折旧费用与长期待摊费用+设计费用+装备调试费+无形资产摊销+委托外部研究开发费用+其他费用"

---

① 人员人工是指在职直接从事研发活动人员的工资薪金。
② 直接投入是指为实施研究开发项目而购买的原材料等相关支出。

续表

具体指标名称	计算公式	说明
制造业研发人员占从业人员比重	当期本国制造业研发人员年底总数/从业人员年底总数	
单位制造业增加值能耗	当期本国制造业能源消耗总量（吨标准煤）/当期制造业增加值（万元）	
工业固体废物综合利用率	当期本国综合利用工业固体废物总量/工业固体废弃物贮存量总和	由于数据来源原因，因此用工业口径替代制造业口径
网络就绪指数		该数据由世界经济论坛发布

5.3.2 测量指标的数据来源

从统计年鉴中摘取数据要注意，同一变量在不同年鉴中常常出现不一致的情况，有的是变量定义的差异造成的，也有其他原因造成的，这个问题通常是本书比较困难而又必须解决的实际问题。如世界银行数据中关于各国制造业增加值的统计问题，在时间限度上必须保证统计口径的一致性，去除汇率等其他因素造成的影响。另外，在同一个指标，一年当中，基于统计单位的统计流程规定和数据可获得性，可能会有初期的预录指标、中间的调整指标和发表前的确定指标等。这是数据收集和整理的时候需要考虑的。

在研究中，许多数据是从分散的相关文章、研究报告、有关材料中获取的。这种获取方法的难度大于统计年鉴的数据，主要表现在两个方面，即数据分散和同一变量的数据差异性更大。从相关文献中获取数据，要注意数据的可靠性问题。通常引用严肃作者或团体的数据。如本国制造业拥有世界知名品牌数每年由世界品牌实验室发布，中国品牌500强，《财富》杂志社也有同样统计口径的数据。

构建的指标数据来源说明详见表5-8。其中，主数据源表明数据的支撑来源渠道，每项主数据源中的第一项数据库是首选数据库，其后的第二项或第三项数据库补充个别缺失数据。辅数据源表明数据的核查来源渠道，用来验证主数据源数据的准确性。

表 5-8 指标数据来源说明

序号	二级测量指标	主数据源	辅数据源
1	制造业增加值、国民人均制造业增加值	世界银行数据库、联合国工业统计数据库	中国统计年鉴、各国统计年鉴
2	制造业出口占全球出口总额比重	世界银行数据库、WTO商贸统计数据库	中国海关年鉴、中国进出口年鉴、中国对外经济贸易年鉴
3	出口产品召回通报指数	美国商务部、欧洲统计局	
4	本国制造业拥有世界知名品牌数	世界品牌实验室	《财富》杂志社、中国品牌500强
5	制造业增加值率	中经网统计数据库、各国统计年鉴	中国人民大学应用统计科学中心数据库、波士顿咨询公司统计数据库
6	制造业全员劳动生产率	世界银行数据库、联合国工业统计数据库	中国统计年鉴、各国统计年鉴
7	高技术产品贸易竞争优势指数①	WTO商贸统计数据库、中国海关年鉴、中国进出口年鉴	中国对外经济贸易年鉴
8	销售利润率	各国统计年鉴、各国统计快报、世界银行数据库	WTO商贸统计数据库、中国人民大学应用统计科学中心数据库
9	基础产业增加值占全球比重	WTO商贸统计数据库、中国海关年鉴	中国进出口年鉴、中国对外经济贸易年鉴
10	全球500强中本国制造业企业营业收入占比	财富杂志社	中国企业500强
11	装备制造业增加值占制造业增加值比重	中国人民大学应用统计科学中心数据库、中经网统计数据库	波士顿咨询公司统计数据库
12	标志性产业的产品集中度	世界大型企业联合会数据库、中国海关统计数据库	波士顿咨询公司统计数据库、中国人民大学应用统计科学中心数据库
13	单位制造业增加值的全球发明专利授权量	世界银行数据库、联合国工业统计数据库	各国统计年鉴
14	制造业研发投入强度②	世界银行数据库、联合国工业统计数据库	各国统计年鉴

① 统计口径说明：为便于国际比较，采用的是世界银行统计口径，即高技术产业口径代替高技术产品口径，同时为全部制造业口径。该统计口径与国家统计局存在一定差异，本书进行的两种口径该指标发展趋势比较研究表明，变动趋势相似度高达99%，完全可以代替说明，故而采纳。

② 统计口径说明：采用世界银行统计口径，即研发支出采用"企业支出＋科研机构行业研究支出＋其他行业相关研究支出"口径。该统计口径与国家统计局发布的该指标统计口径存在一定差异，但比较研究成果表明两种口径该指标的变动趋势高度相似，两种口径该指标完全可以代替说明。

续表

序号	二级测量指标	主数据源	辅数据源
15	制造业研发投入占GDP的比重	世界银行数据库、联合国工业统计数据库	各国统计年鉴
16	制造业研发人员占从业人员比重	世界银行数据库、联合国工业统计数据库	各国统计年鉴
17	单位制造业增加值能耗	世界银行数据库、联合国工业统计数据库	各国统计年鉴、中国能源年鉴
18	工业固体废物综合利用率	世界银行数据库、联合国工业统计数据库	各国统计年鉴、中国自然资源年鉴、中国环境年鉴
19	网络就绪指数	世界经济论坛——《全球信息技术报告》、各国统计年鉴	世界银行数据库、中国信息技术年鉴、中国信息产业年鉴

5.4 判断矩阵与权向量的计算

判断矩阵与权向量的计算步骤如下。

（1）遴选并确定专家。一般选择本行业或本领域中既有实际工作经验，又有扎实的理论基础并公平公正、道德高尚的专家。

（2）专家初评。将待定权数的指标提交给各位专家，并请专家在不受外界干扰的前提下，独立地给出各项指标的权数值。

（3）回收专家意见。将各位专家的数据收回并计算各项指标的权数均值和标准差。

（4）分别计算各项指数权重的平均数。

本书基于层次分析法采用统计平均数法，定性和定量对19个二级测量指标和4个一级维度指标进行量化并确定权重，由我国制造业产业理论、产业运行和产业管理等方面的57位专家组成，为保证最终权重得分的科学合理，从人数分布、研究领域、专家级别三个方面调研分析了我国制造业及其相关研究领域的专家布局现状，提出了本指标体系专家选择的具体条件。在人数分布方面，按照产业评价的统计学规律，确定打分专家总人数为57人。同时因考虑到三类专家的意见重要性基本相当，故而形成三类专家人数基本相当的打分专家组人数分布（各19人）。产业理论类专家主要由我国高校、科研院所、研究机构的相关专家组成，产业运行类专家主要由我国制造业企业的相关专家组成，产业管理类专家主要由我国制造业相关政府机构、行业社会团体、曾经从事产业管理的专家组成。入选的专家均具有高级技术职称，且在制造业内具有相当的知名度。

邀请上述三类专家根据各层次指标相对于其上一层次评价目标所起作用的大小进行打分，重要性（非常重要、比较重要、一般重要、不太重要、不重要）从高到低依次采用五级李克特量表进行衡量，要求打分时考虑区分同一层次各评价指标间的相对重要性，不遗漏指标，保证每个指标均进行选择打分，具体见附录E。

将各位专家的权重打分表，以每人等权的群决策控制方式，采用加权几何平均的结果集结方法，运用Yaahp 0.5.3软件，测算得到指标体系各级指标的权重如表5-9所示。

表5-9 评价指标体系权重分布

维度指标	权重	测量指标	权重
产业规模	0.1951	制造业增加值	0.1287
		制造业出口占全球制造业出口总额比重	0.0664
质量效益	0.2931	出口产品召回通报指数	0.0431
		本国制造业拥有世界知名品牌数	0.0993
		制造业增加值率	0.0356
		制造业全员劳动生产率	0.0899
		销售利润率	0.0252
产业结构	0.2805	高技术产品贸易竞争优势指数	0.0689
		基础产业增加值占全球基础产业增加值比重	0.0835
		全球《财富》500强中本国制造业企业营业收入占全部制造业企业营业收入比重	0.0686
		装备制造业增加值占制造业增加值比重	0.0510
		标志性产业的产品集中度	0.0085

续表

维度指标	权重	测量指标	权重
可持续发展能力	0.2313	单位制造业增加值的全球发明专利授权量	0.0721
		制造业研发投入强度	0.0347
		制造业研发投入占 GDP 的比重	0.0290
		制造业研发人员占从业人员比重	0.0132
		单位制造业增加值能耗	0.0608
		工业固体废物综合利用率	0.0116
		网络就绪指数	0.0099

5.5 综合评价的计算过程

经过 5.4 节的研究，本书已经得到了"带权重的指标体系"，并经过收集数据的过程，形成了规范的包括 9 个国家、2012—2021 年 19 个测量指标的复杂面板数据。基于上述基础性的工作，本节进行制造业产业竞争力的水平评价。

借鉴国内外已知的各种指标体系评价分析方法之优缺点和适用性，为了对制造业产业竞争力发展状况进行更加直观有效的评价，拟采用更容易量化的指数加权法进行综合评价。根据提出的包括 19 个测量指标（二级指标）和 4 个维度指标（一级指标）的指标体系，确定评价制造业产业竞争力的回归数学模型，并进行实证分析，过程如下。

（1）本书的评价体系中共有 19 个二级测量指标 Π，首先对 Π 进行无量纲调整。调整方法：以 2012 年美国、德国、日本、英国、法国和韩国六个主要工业化国家指标平均值为基准，比较得到无量纲的指标值。

（2）确定每个二级测量指标的正向性，ξ_i 为第 i 个指标的权重，且 $\sum_{i=1}^{M}\xi_i=1$。4 个一级维度指标由 $\Pi_k = \sum_{i=1}^{M}\xi_i \times (\frac{\Pi_i}{\frac{1}{N}\sum_{j=1}^{N}\Pi_j} \times 100)$ 获得，其中 k=1, 2, 3, 4。

（3）综合 4 个一级维度指标按照权向量系数求和得到制造业产业竞争

力指数 I，具体公式如下：

$$I = \sum_{k=1}^{R}\sum_{i=1}^{M}\xi_i \times (\frac{\Pi_i}{\frac{1}{N}\sum_{j=1}^{N}\Pi_i} \times 100)(其中, M=19, N=6, R=4)$$

式中，M 为二级测量指标数；N 为对标国家数；R 为一级维度指标数；Π 为二级测量指标。

5.6 本章小结

基于制造业产业竞争力评价指标体系，本书为了真实反映基于经济福利视角的国际比较，经过逻辑指标向测量指标的转换，逐个确定了测量指标的数据来源，结合可获得的权威机构的直接统计构造了复杂面板数据，即2012—2021年中国、美国、德国、日本、英国、法国、韩国、巴西和印度9个国家，包含4个维度、共19个制造业测量指标的10年连续统计数据，本书向我国制造业产业理论、产业运行和产业管理等方面57位专家发出调查问卷，采用李克特量表进行权向量的确定，采用易量化和标准化的指数加权法和回归分析的数学模型进行综合测算和评价。

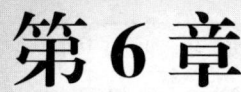

第 6 章 基于指标体系的制造业产业竞争力测量及政策意义

目前文献所及关于制造业产业竞争力研究的视角和结论与我国制造业产业发展的实际和判断存在一定的脱节，从经济福利角度，本书初步找到了解释上述偏差和离意的切入点。经过前面几个章节的研究，本书建立了评价指标体系，用统计平均数的方法确定了维度指标和测量指标的权重数，构建了易操作和现实解释性较强的回归数学模型，将 9 个国家包括 4 个维度指标和 19 个测量指标，时间跨度为 2012—2021 年的复杂面板数据代入后，进行国别之间的横向对比和跨期研究，从经济福利视角，本章将分析和总结我国制造业产业发展的政策意义。

6.1 制造业产业竞争力指数总体情况

经测算，2012—2021 年，中国、美国、德国、日本、英国、法国、韩国、印度和巴西 9 个国家的制造业产业竞争力指数如表 6-1 所示。

2012—2021 年，基于经济福利视角的美国制造业产业竞争力始终排在第一位（指数为 160.35~177.10），德国和日本位列第二和第三（指数均在 107.13~129.41 波动），除了 2012 年，其余年份德国的竞争力水平表现均优于日本，中国位列第四（指数为 92.31~120.62），除了 2016 年

表 6-1　2012—2021 年各国制造业产业竞争力指数

国家	制造业产业竞争力指数									
	2012 年	2013 年	2014 年	2015 年	2016 年	2017 年	2018 年	2019 年	2020 年	2021 年
中国	92.31	97.84	103.35	105.78	104.34	108.94	109.94	110.84	116.02	120.62
美国	160.35	161.22	163.83	165.12	172.78	170.99	166.06	168.71	173.19	177.10
德国	114.32	117.69	119.92	118.73	121.31	124.96	127.15	125.65	125.94	129.41
日本	124.29	116.49	114.03	107.13	112.52	111.84	116.29	117.16	118.19	122.83
英国	64.78	65.30	67.93	66.86	63.64	63.46	67.99	63.03	61.45	66.94
法国	70.32	70.93	70.85	68.01	67.72	67.82	71.78	70.07	69.35	70.67
韩国	66.14	72.74	70.44	68.60	69.87	78.11	74.45	73.95	74.39	79.07
巴西	36.43	31.55	37.66	29.25	34.26	32.96	30.41	28.69	27.38	29.73
印度	42.75	42.90	43.65	42.69	42.77	43.48	41.21	43.50	44.56	44.94

竞争力水平小幅下降以外，其他年份均处于提升状态。韩国、法国和英国（指数区间为 63.46~79.07）位列第五、六、七位，发展年份不同，略有交替变化。印度和巴西（指数为 27.38~44.94）作为"金砖五国"的参考国家，分居第八位和第九位。2012—2021 年各国制造业产业竞争力排名情况如表 6-2 所示，根据指数数字区间间隔位置的大小，用形象的阵列来描述，美国与德国和日本差距超过 47 个点，处在第一阵列；中国与法国和韩国差距大约 40 个点，因此处在第二阵列的末位（第二阵列包括德国、日本和中国）；同理，法国、韩国和英国位居第三阵列，第四阵列是印度和巴西[①]。

2012 年以来的 10 年，从制造业产业竞争给予国家经济福利的角度看，9 个国家的制造业产业竞争力发展格局基本稳定，指数排名小幅波动，尽管

---

① 2021 年的中国制造强国发展指数和各国排名情况，由中国工程院战略咨询中心、中国机械科学研究总院集团有限公司、国家工业信息安全发展研究中心等单位于 2022 年 10 月在北京发布。

表 6-2 2012—2021 年各国制造业产业竞争力排名情况

阵列	2012年	2013年	2014年	2015年	2016年	2017年	2018年	2019年	2020年	2021年
第一阵列	美国	美国	美国	美国	美国	美国	美国	美国	美国	美国
第二阵列	日本	德国	德国	德国	德国	德国	德国	德国	德国	德国
	德国	日本	日本	日本	日本	日本	日本	日本	日本	日本
	中国	中国	中国	中国	中国	中国	中国	中国	中国	中国
第三阵列	法国	韩国	法国	韩国	韩国	韩国	韩国	韩国	韩国	韩国
	韩国	法国	韩国	法国	法国	法国	法国	法国	法国	法国
	英国	英国	英国	英国	英国	英国	英国	英国	英国	英国
第四阵列	印度	印度	印度	印度	印度	印度	印度	印度	印度	印度
	巴西	巴西	巴西	巴西	巴西	巴西	巴西	巴西	巴西	巴西

受到新冠病毒感染疫情的较大影响，但中国均处在第四的位置，大部分年度处在竞争力提升状态，在第二阵列中一直向上靠近，说明中国制造业在提升本国经济福利的过程中，国际竞争力在逐步增强。如图 6-1 所示，中国制造业产业竞争力指数由 2012 年的 92.31 提升到 2021 年的 120.62，提升了 28.31，同期比较美国、德国、日本基本处在平稳发展期。从中国年度变化上看，2013 年较上年提升和 2014 年较 2013 年提升均在 5.5 个点左右，从 2015—2016—2018 年数字分析看，指数增长开始有极小幅度降低，说明中国制造业在提高经济福利方面继续迈进，但提高步伐有所减缓，体现了从高速增长到中高速增长的态势。2020 年以来，我国经济发展受到新冠病毒感染疫情冲击，综合对标国家和本国发展，仍然保持了制造业竞争力水平的提升。

2012—2021 年，美国、德国、中国、法国、韩国、英国总体呈现增

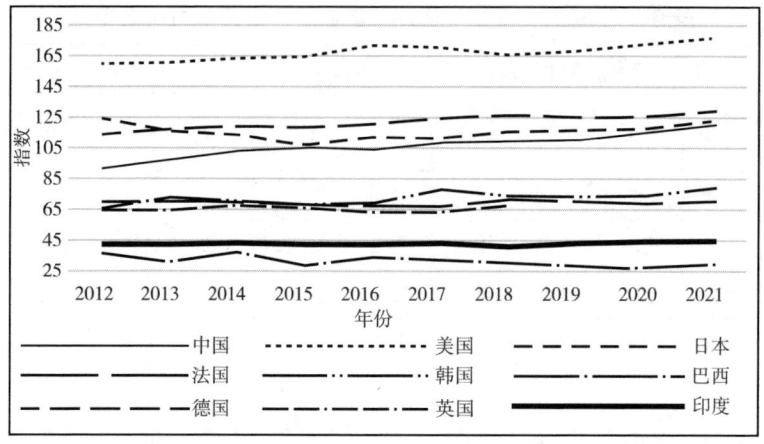

图 6-1 制造业产业竞争力综合指数对比

长态势;增长最明显的是中国(28.31)。中期日本、印度、巴西呈现一定幅度下降,日本虽整体下降最为明显(8.00),但经 2018 年快速回升,至 2021 年,已与 2012 年水平(124.29)基本相当(表 6-1、图 6-1)。

为了判断 4 个维度指标的比较状况,本书将 2012 年 6 个国家选取某指标的平均值进行无量纲处理,视标杆值为 100,中国二级测量指标的对应值如表 6-3 所示。

在 19 个二级测量指标中,中国只有五项指标优于 6 个国家的平均水平,分别是制造业增加值、制造业出口占全球制造业出口总额比重、销售利润率、基础产业增加值占全球基础产业增加值比重和装备制造业增加值占制造业增加值比重,而其他 14 项指标则明显低于其他标杆国家;从 4 个一级维度指标看,中国制造业产业规模发展指标是 6 个国家平均值的 2.2 倍,其他 3 项维度指标,质量效益、产业结构优化、产业可持续发展能量均落后于平均水平,在制造业产业结构优化上,中国相当于其他对标国家的 89.7%,产业可持续发展能力方面相当于对标国家的 61.7%,差距最为明显的是产业质量效益维度指标,竞争力相当于六国平均水平的 37.5%。

表 6-3　制造业产业竞争力评价指标

维度指标	中国相对值	二级测量指标标杆值	中国相对值
规模发展	220	制造业增加值	187
		制造业出口占全球制造业出口总额比重	285
质量效益	37.5	出口产品召回通报指数	13
		本国制造业拥有的世界知名品牌数	23
		制造业增加值率	63
		制造业全员劳动生产率	21
		销售利润率	147
结构优化	89.7	高技术产品贸易竞争优势指数	32
		基础产业增加值占全球基础产业增加值比重	117
		全球《财富》500强中本国制造业企业营业收入占全部制造业企业营业收入比重	42
		装备制造业增加值占制造业增加值比重	122
		标志性产业的产品集中度	58
可持续发展能力	61.7	单位制造业增加值的全球发明专利授权量	71
		制造业研发投入强度	57
		制造业研发投入占GDP的比重	23
		制造业研发人员占制造业从业人员比重	12
		单位制造业增加值能耗	62
		工业固体废物综合利用率	76
		网络就绪指数	75

6.2　基于维度指标的中国产业竞争力分析

6.2.1　产业规模维度

经测算，2012—2021年，中国、美国、德国、日本、英国、法国、韩国、印度和巴西9个国家的制造业产业规模维度指标反映的竞争力如表6-4所示。

表 6-4 制造业产业规模维度指标反映的竞争力

国家	制造业产业竞争力产业规模维度指标									
	2012年	2013年	2014年	2015年	2016年	2017年	2018年	2019年	2020年	2021年
中国	42.93	46.77	50.67	51.93	50.31	54.97	55.16	54.86	58.02	60.73
美国	31.80	31.99	33.76	35.15	34.99	35.81	36.12	36.42	35.02	35.08
德国	26.34	27.18	28.29	25.79	26.73	28.47	29.60	27.10	24.85	26.75
日本	25.04	20.83	19.85	17.69	19.51	19.99	22.76	22.18	20.42	21.64
英国	8.68	9.15	9.57	9.98	9.13	9.26	9.33	9.00	7.97	9.1
法国	10.79	11.07	11.11	10.01	10.15	10.58	10.69	10.39	8.97	10.01
韩国	14.41	15.13	15.91	15.27	15.30	17.16	17.29	16.03	15.28	17.72
巴西	4.07	3.97	3.68	3.06	3.20	3.62	3.20	2.99	2.38	2.46
印度	4.69	4.61	5.00	4.81	5.15	5.79	5.88	5.76	4.86	5.43

产业规模是中国制造业竞争力的优势指标。虽其有小幅波动，但中国、美国、德国、日本继续稳定位居前列。中国 2021 年的数值（60.73）为近年来最高值（规模在指标体系中的表现力），且持续居各国首位，领先第二名美国（35.08）25.65 个点；与 2020 年仅有中国产业规模数值增加相比，2021 年各国产业规模发展均实现正增长，其中中国增幅（+2.71）最大，且不断扩大领先优势，其规模指数分项数值是排名第二美国的 1.73 倍。2021 年，中国制造业增加值已达到 4.86 万亿美元，连续 12 年居世界首位，是美、日、德、英四国之和。2012—2021 年的发展态势如图 6-2 所示。

6.2.2 质量效益维度

经测算，2012—2021 年，中国、美国、德国、日本、英国、法国、韩国、印度和巴西 9 个国家的制造业产业质量效益维度竞争力如表 6-5 所示。

产业质量效益维度指标是中国制造业竞争力的弱势之一，是美国的优势指标。2021 年，美国产业质量效益维度反映的竞争力水平处在绝对优势（57.39）地位，因"本国制造业拥有的世界知名品牌数"和"制造业全员劳

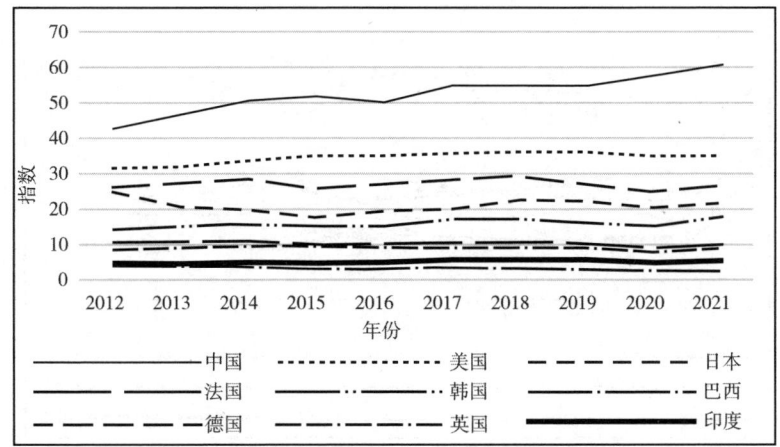

图 6-2　制造业产业竞争力产业规模维度对比

表 6-5　制造业产业质量效益维度指标反映的竞争力

国家	制造业产业竞争力产业质量效益维度									
	2012 年	2013 年	2014 年	2015 年	2016 年	2017 年	2018 年	2019 年	2020 年	2021 年
中国	11.01	11.71	12.41	12.62	13.59	14.52	15.05	16.11	16.09	16.35
美国	51.20	52.90	53.94	53.97	59.56	55.60	49.84	51.96	55.06	57.39
德国	25.69	26.75	27.03	25.93	25.45	26.22	26.65	25.18	24.20	24.87
日本	31.70	29.09	27.30	25.53	28.62	30.01	30.55	31.73	31.57	33.57
英国	23.19	23.46	24.37	25.27	23.46	23.34	27.05	22.90	22.65	27.19
法国	26.77	27.47	26.99	24.68	24.43	23.99	27.52	26.39	26.31	27.94
韩国	17.51	22.55	19.10	17.78	18.21	24.37	19.74	19.23	19.14	21.11
巴西	11.40	8.54	13.80	8.19	14.92	15.09	12.69	9.87	8.51	12.23
印度	12.41	12.26	11.52	11.42	11.40	13.25	9.82	10.33	10.02	11.09

动生产率"两项指标遥遥领先其他 8 个国家，日本排名第二。中国（16.35）在 2020 年质量效益数值微降后，2021 年实现回升，但因"销售利润率"指标再次下降，需求收缩、供给冲击、预期转弱等经济发展多重压力需引起重视。2012—2021 年各国制造业产业竞争力质量效益维度对比如图 6-3 所示。

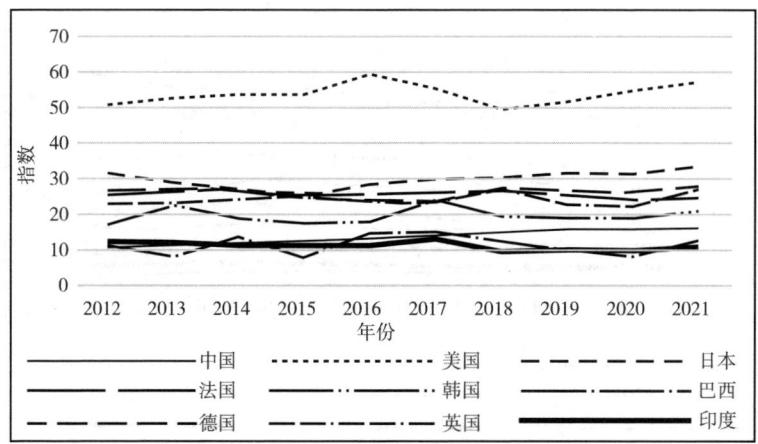

图 6-3　制造业产业竞争力质量效益维度对比

6.2.3　产业结构维度

经测算，2012—2021 年，中国、美国、德国、日本、英国、法国、韩国、印度和巴西 9 个国家的制造业产业结构优化维度指标反映的竞争力如表 6-6 所示。

表 6-6　制造业产业结构优化维度指标反映的竞争力

国家	制造业产业竞争力产业结构维度									
	2012 年	2013 年	2014 年	2015 年	2016 年	2017 年	2018 年	2019 年	2020 年	2021 年
中国	24.10	25.06	25.44	25.78	24.37	23.56	23.40	24.25	25.19	28.04
美国	46.36	45.64	45.00	45.38	47.61	48.49	48.77	49.00	50.04	51.15
德国	37.93	38.88	39.99	42.72	44.98	45.93	46.27	47.22	49.24	50.50
日本	35.83	34.37	34.68	32.41	32.76	32.65	33.50	32.75	33.52	33.89
英国	16.63	15.89	16.87	15.16	14.14	13.65	14.27	14.13	13.60	13.63
法国	16.44	16.13	16.44	16.20	16.17	16.27	16.19	16.45	16.83	15.63
韩国	15.09	15.20	16.39	15.50	15.65	15.98	16.76	17.35	17.41	17.91
巴西	6.00	4.95	4.71	4.85	4.27	3.30	3.48	4.56	4.65	3.51
印度	11.29	11.81	12.32	12.77	13.25	11.91	12.56	13.82	14.58	13.86

产业结构维度指标是美国和德国制造业竞争力优势指标。2021年,"中国世界500强企业中制造业上榜企业"数持续增加,经营状况较为良好,龙头企业竞争力不断增强,"基础产业增加值"占全球比重也延续上一年良好势头继续回升,因此我国产业结构指标较2020年有一定的提升(+2.85),在结构优化方面初步具有一定国际竞争力,但与美国、德国依然存在较大差距,产业结构升级的突破性成效尚待时日。2012—2021年各国在产业结构优化维度上竞争力发展态势如图6-4所示。

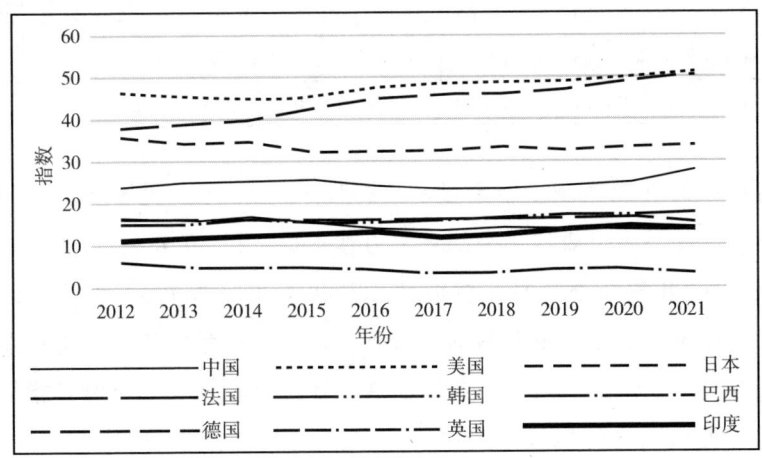

图6-4 制造业产业竞争力结构优化维度对比

6.2.4 产业可持续发展能力维度

经测算,2012—2021年,中国、美国、德国、日本、英国、法国、韩国、印度和巴西9个国家的制造业产业可持续发展能力维度指标反映的竞争力如表6-7所示。

表6-7 制造业产业可持续发展能力维度指标反映的竞争力

国家	制造业产业竞争力可持续发展能力维度									
	2012年	2013年	2014年	2015年	2016年	2017年	2018年	2019年	2020年	2021年
中国	14.27	14.31	14.83	15.45	16.08	15.88	16.33	15.62	16.72	15.50

续表

国家	制造业产业竞争力可持续发展能力维度									
	2012年	2013年	2014年	2015年	2016年	2017年	2018年	2019年	2020年	2021年
美国	30.99	30.70	31.14	30.62	30.11	31.09	31.33	31.33	33.06	33.48
德国	24.35	24.89	24.62	24.29	24.15	24.34	24.63	26.15	27.65	27.29
日本	31.72	32.20	32.20	31.49	31.64	29.20	29.48	30.50	32.68	33.73
英国	16.28	16.79	17.11	16.45	16.91	17.21	17.34	17.00	17.22	17.02
法国	16.33	16.27	16.32	17.11	16.97	16.99	17.38	16.84	17.24	17.09
韩国	19.12	19.86	19.03	20.05	20.72	20.60	20.66	21.34	22.55	22.33
巴西	14.95	14.08	15.48	13.13	11.86	10.96	11.04	11.27	11.83	11.53
印度	14.35	14.22	14.80	13.68	12.97	12.86	12.95	13.56	15.10	14.56

可持续发展能力测量结果显示，2012—2021年，美国和日本制造业可持续发展能力维度表现出来的竞争力基本稳定在30分左右的领先水平，中国在2011年来虽然保持小幅波动提升状态（16左右），但绝对差距依然较大。在全球贸易摩擦升级的背景下，创新、绿色等工业制造业发展潜力培育难度进一步加大，显示各国制造业在细分指标（二级测量指标）上均不同程度出现培育瓶颈。2012—2021年各国在产业可持续发展能力维度上竞争力发展态势如图6-5所示。

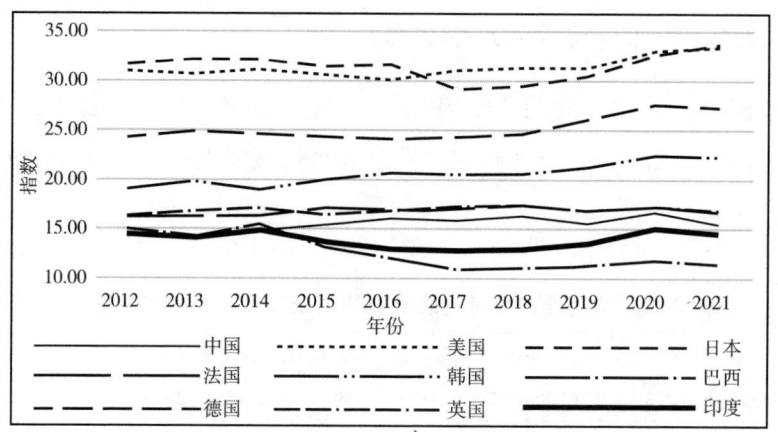

图6-5 制造业产业竞争力可持续发展能力维度对比

以 2021 年数据测算为例，中国制造业产业竞争力在总体和四个维度指标上在 8 个国家中的排名如表 6-8 所示，在产业规模维度上排名第一，在质量效益维度上排名第七，在产业结构优化维度上排名第四，在可持续发展能力上排名第七，综合产业竞争力排名第四。

表 6-8　2021 年中国制造业产业竞争力整体和维度指标排名情况

排名	产业规模	质量效益	产业结构	可持续发展能力	综合产业竞争力
第一	中国	美国	美国	日本	美国
第二	美国	日本	德国	美国	德国
第三	德国	法国	日本	德国	日本
第四	日本	英国	中国	韩国	中国
第五	韩国	德国	韩国	法国	韩国
第六	法国	韩国	法国	英国	法国
第七	英国	中国	印度	中国	英国
第八	印度	巴西	英国	印度	印度
第九	巴西	印度	巴西	巴西	巴西

6.3　政策建议

6.3.1　基于综合指数分析的政策建议

（1）制造业产业规模、质量效益、产业结构和可持续发展能力四个维度上的提升融合。目前我国制造业尚未摆脱单纯依靠规模扩张的模式，产业竞争力水平的提高主要依靠规模发展指数的增长，质量效益、产业结构优化仍然是我国制造业发展的短板。我国制造业在适应中国经济"新常态"步伐的过程中，要着力产业规模、质量效益、产业结构和可持续发展能力的融合提升，将提高产业质量效益作为第一要务。依靠创新，提高品质；依靠品质作为发展的基础，扩大产业规模，进而提高效益。优化产业结构，强化产业基础。构建和加强集约型、质量效益型、具有可持续发展能力的制造业体系，实现我国制造业的又大又强。

（2）从国内外制造业总体进程看，应注意制造业的"四化"发展趋向，即优质化、智能化、绿色化和服务化方向。优质化体现了质量效益、优化结构的要求，使制造业在品质上提升、在结构上进一步优化；智能化是制造业技术发展的方向，包括自动化、数字化和网络化等步骤；绿色化是环保和可持续发展的方向，不仅要注重末端治理，更要在生产过程中和源头进行有效控制，注重循环；服务化体现了制造业在运营模式上出现的变化和产业融合的趋势，结合前端、中端、后端，实现产业链各个环节的健康发展。

（3）制造业发展由要素驱动转变为创新驱动，应进一步对制造业创新进行研究。明确创新的概念和范畴，注重创新的实效性，创新的经济属性决定了只有实现价值才可以成为创新，要脚踏实地，避免盲目跟风和流于形式。制造业创新不仅需要技术创新作为基础，还需要制度创新作为依托，目前技术创新缺乏制度创新的有效支撑。在技术创新上要产研结合、以企业为主体，在制度创新上政府要切实解决好技术和经济长期的"两张皮"问题，创造规范的市场环境、提供高效的公共服务，让制造业创新驱动经济发展的理论和实践路径达成真正的社会共识。在关注颠覆性创新的同时，更要关注广泛存在的渐进性创新。

（4）中国制造业与美国、德国等国家的制造业具有不同的发展阶段，现阶段制造业产业竞争力得到普遍的提高，不仅高端制造要发展，低端的、传统的广大面上企业（包括中小微企业）均要获得发展提升，在价值规模、质量效益、产业结构和可持续发展能力等方面有效提升，使得制造业全面升级。

（5）不确定因素对制造业产业竞争力产生影响，进而对社会经济福利产生威胁。我国工业制造业产业发展进程能否顺利推进，除了受到产业自身发展客观规律、国内外技术进步等约束外，还受到国际政治经济环境、国际贸易保护、不可预测（如疫情和战争）等诸多不确定因素的影响，事实上这种影响正初步显现。如英国脱欧、美联储加息、国际大宗商品货物和能源价格波动、区域战争等一系列国际事件均可能造成影响，包括汇率。某些国家不断闪现的"逆全球化贸易保护主义"态势，使得我国产业政策受到越来越多的非议，再加上社会发展变化进程中复杂的价格因素等，对制造业形成的扰动均会在指标体系中显性化，进而影响我国制造业产业竞争力水平的比较判断。

6.3.2 基于4个维度指标的政策建议

（1）持续巩固"产业规模"发展优势，2012—2021年，我国制造业产业竞争力总的发展指数在小幅波动中从92.31增长至120.62，其中"规模发展"分项数值对指数贡献率始终保持在50%左右，对推动我国制造业产业竞争力的提升起到了重要的基础支撑作用，为质量效益提高、结构优化升级和可持续发展能力培育提供了难得的转型空间和良好的产业环境，这也是我国在面对中美贸易摩擦时敢于正面应对的立身之本。但也应清醒意识到，若按目前发展指数平均增幅计算，我国还需多年才能追平美国。为顺利实现至21世纪中叶我国成长为全球制造强国的目标，应在充分肯定规模"大"的基础优势上，进一步推动"价值量提升"，培育高端制造持续壮大，应抓住机遇、主动作为，坚持高水平开放与高质量发展，下大力气改善制造业规模发展的结构性问题，加速推进形成"价值总量大、高端化转型"的制造业发展格局。

（2）精准弥补"质量效益"短板，加速推进制造业高质量发展。2021年中国制造业产业"质量效益"分项数值为16.35，仅为美国、德国、日本的28.5%、65.7%和48.7%，尚不具备充分的国际竞争力。根据指数测评结果，当前我国制造业"质量效益"与发达国家的差距主要体现在如下几个方面：首先是生产要素利用效率的综合差距，2012年以来我国制造业增加值率长期徘徊在20%（小幅上下波动），比美国、日本、德国等发达国家低10多个百分点（稳定保持在35%左右），且近年来差距并未明显缩小。其次是劳动生产率的差距，我国制造业劳动生产率（2021年为40 499.35美元/人）分别只有美国的22.54%、日本的41.02%和德国的27.8%，同时制造业员工名义工资远低于全球制造业发达国家。最后是产业价值链分工地位的差距,在技术密集型产业链纵向分工体系中,我国仍然处于产业价值链中低端。

(3) 不断提升制造业"结构优化"弱项,全力推动产业基础高级化与产业链现代化。2021年我国基础产业增加值占全球比重为6.49%,仅为美国、德国的25%左右;标志性产业集中度仅为42.55%,不足美国、日本、德国的一半;高技术产品贸易竞争优势指数更是远低于工业发达国家,如集成电路进口额占国内市场需求的70%、传感器芯片进口占比达90%,作为工业母机的高端机床装备封锁与禁运风险持续加大,高端工业软件基本被国外垄断。此外,制造业"大企业不强,小企业不专"态势越加严峻,2021年我国人均制造业隐形冠军企业数量仅为德国的1/120,整体呈现工业基础薄弱、高端供给不足、产业集群集约能力低的局面。国家提出的坚持转型升级传统产业与培育壮大新兴产业"两条腿"走路的支撑基础即基于上述分析,力促传统产业与新兴产业合作发力;重视产业链延伸,优化供应链管理,促进上下游产业优势合作与相互渗透,提升产业链整体运行效率;建立共性技术平台,突破一批基础关键技术,夯实产业基础,实现自主可控、安全高效;发挥企业家精神和工匠精神,培育一批"专精特新"中小企业,打造具有战略性和全局性的产业链,增强产业链韧性。

(4) 充分激活制造的可持续发展潜力,积极营造企业长期健康发展的优质环境。持续发展分项数值表明,我国制造业创新、绿色等核心动能培育成效尚显薄弱,特别是研发投入强度、研发人员占从业人员比重等创新指标均与发达国家差距明显。应支持企业成为科技和经济紧密结合的重要力量,成为绿色升级、智能改造、技术创新、成果转化的主体;推进制造业数字化、网络化、智能化、集约化,构建以市场为导向、政产学研用深度融合的创新体系;借助经济、技术、信息优势,培育一批有国际影响力的一流企业;发挥市场在资源配置中的决定性作用,加快人才等关键要素良性流动,加强知识产权保护;加强顶层设计,在政策、融资、营商环境等方面切实减轻企业成本负担,为民营企业、中小企业等最具创新活力团体发展创造良好条件，在全社会积极营造有助于制造企业长期健康发展的优质环境。

6.4 本章小结

通过对国内外指标体系的文献综述，制定了制造业产业竞争力评价的指标体系和数学模型。通过李克特调查问卷量表得到指标间的权重，采用权威数据库的数据对制造业竞争力评价体系中的 4 个一级维度指标和 19 个二级测量指标的 2012—2021 年产业发展态势进行比较，分析了中国、美国、德国、日本、英国、法国、韩国、印度和巴西等国家指标的变动特点，明确了中国现阶段制造业产业竞争力总体状况和各个维度所处的位置。最后归纳了我国制造业产业竞争力发展的政策建议和提升路径。

第 7 章 研究结论与研究展望

7.1 研究结论

目前文献所及关于制造业产业竞争力研究的视角和结论与我国制造业产业发展的实际和判断存在一定的脱节，本书基于经济福利的视角初步找到了解释上述偏差和离意的切入点。在梳理前人福利经济学理论成果的基础上，结合波特钻石模型的一致性分析，归纳了福利经济和制造业产业竞争力之间的支撑维度和替代要素：产业现状实力表征要素、产业发展潜力表征要素、产业环境优势表征要素。制造业产业实力为社会福利提供了现实基础，制造业产业的发展潜力为社会福利提供了未来保障，制造业产业环境优势与社会福利经济互相促进和成长。在此基础上提出了制造业产业竞争力反映机理模型的研究假设，本书提出了九个反映制造业产业竞争力的假设（维度指标）。

结合管理科学成熟的研究方法和统计学方法，通过收集调查问卷基于构想效度检验的探索性因子分析法来验证理论假设的正确性，收集辅助证据淘汰与假设相反的问卷问题，分别建立了"9-306 制造业产业竞争力指标池""5-101 制造业产业竞争力指标体系""4-21 制造业产业竞争力指标体系"，三轮次问卷调查以及信度、效度检验后，顺利通过统计检验，建立了"4-19 制造业产业竞争力评价指标体系",即净化后得到目标层 4 个维度指标和 19 个测量指标。

基于制造业产业竞争力评价指标体系,本书为了真实反映基于经济福利视角的国际比较,结合可获得的权威机构的直接统计数据构造了复杂面板数据,即 2012—2021 年中国、美国、德国、日本、英国、法国、韩国、巴西和印度 9 个国家,包含 4 个维度共 19 个制造业测量指标的 10 年连续统计数据,采用易量化和标准化的指数加权法和回归分析的数学模型进行综合评价,本书向我国制造业产业理论、产业运行和产业管理等方面 57 位专家发出调查问卷,采用李克特量表进行权重量化。

度量了基于福利经济视角的我国制造业产业竞争力水平。截至 2022 年,中国制造业产业竞争力水平(指数)处于美国、德国和日本之后,列第四位,排在英国、法国等其他国家之前,印度和巴西处在较弱的地位。中国在产业规模上较其他国家有竞争优势,本书解释了对于具有庞大人口基数的国家,产业规模是具有优势竞争力的基础;在质量效益上,中国虽有小幅提高,但到目前为止,与美国、德国等工业化发达国家仍存在较大差距,处于较低的发展水平上,这在一定程度上解释了中国产业战略提出制造业高质量发展的理论依据;研究结果显示,产业结构不合理是中美贸易摩擦中中国比较被动的根源之一,中国与美国、德国、日本在产业结构上差距明显,我国应注重基础研究、共性技术研发,而不应妄自菲薄;在可持续发展能力上,中国保持小幅上升,和美、德、日相比差距较小。根据 4 个维度指标和 19 个具体测量指标的分析,最后提出了若干针对中国制造业竞争力水平提升的具体政策建议和明确的实现路径。

7.2 研究展望

评价指标体系在指标选取、权重等方面还需要进一步优化,需要更长的时间验证其合理性和科学性。本书第 4 章中,制造业产业竞争力评价指标体系的维度指标设置上,并没有将"创新"列入首选的维度指标(不符合很多业界专家的惯常理解），因为目前国内外缺乏较好反映"创新效果"的指标，后续研究要进一步关注国际上比较通用的"全要素生产率"指标，在数据量充分进行国内外横向比较，并达到一定可信度时考虑将其纳入指标体系。在维度指标"质量效益"中，反映"产品质量"的指标难以找到可以进行国际对比的，因此在逻辑指标向测量指标和统计指标转换时只采用了美国和欧洲对各国出口产品的召回次数这一个指标，明显不够全面，需进一步加强研究质量问题并寻找更合适的指标。

目前，不少指标国际组织（如世界银行）提供的数值与国内统计值有一定差别。在差别不显著的情况下，为便于国际比较，多数采用了国际组织的数值，今后要研究弄清国际组织数据采集来源，以逐步提高数据的可信度。在指标选择中，强调了各个指标的独立性，也通过了统计的计量经济学验证，但实际上不可能完全做到。例如，维度指标中产业规模的权重不到20%，但实际上如"质量效益"中的"知名品牌数"，"结构优化"中的"基础产品增加值比重"，"《财富》500强中一国制造企业营收所占比重"等指标中，都部分含有规模的因素，因此规模的实际权重可能要比20%略高，为篇幅和逻辑的完整性起见，本书并未再深入探究。

本书在政策建议部分提出了发展途径是否正确、合理，需要在今后实践中检验，并随着情况的变化而加以调整。当前各种新技术发展势头迅猛，对产业尤其是制造业的影响需要给予充分的关注。本研究中对标国家（如美国、德国、日本、英国、法国、韩国）和金砖参考国家（如巴西、印度）今后制造业产业竞争力水平的发展趋势没有研究，也没有进行预测，因为前者六个对标国家大都早已进入后工业化时期，制造业发展相对平稳。同时，在目前新技术革命形势下，大的产业结构会有什么变化，还很难判断。应密切关注全球首先是各发达国家产业变革的情况，尤其是制造业进一步变化的情况，同时也要关注发展较快的发展中大国的情况，以便在有大的变化时及时调整我国的发展战略。应持续跟踪中国和其他工业化国家的制造业发展情况，收集整理每年的各项指标数值，研究是否符合预测趋势，发现有明显差别时要详细分析，找出原因，并提出相应对策。

参考文献

[1] 瑞士洛桑国际管理发展学院.2019年世界竞争力报告[R].2019.

[2] 德勤有限公司,美国竞争力委员会.2016全球制造业竞争力指数[R].2016.

[3] 世界经济论坛.2019年全球竞争力报告[R].2019.

[4] 朱高峰,王迪.当前中国制造业发展情况分析与展望:基于制造强国评价指标体系[J].管理工程学报,2017,31(4):1-7.

[5] 周济,朱高峰.制造强国战略研究·综合卷[M].北京:电子工业出版社,2015.

[6] 苗圩.我国工业和信息化的辉煌成就与宝贵经验[N].人民日报,2019-10-08(9).

[7] 李婕.中国成为唯一拥有全部工业门类国家[N].人民日报海外版,2019-09-21.

[8] 朱高峰.中国制造业可持续发展战略研究[M].北京:机械工业出版社,2010.

[9] 李平,王钦,贺俊,等.中国制造业可持续发展指标体系构建及目标预测[J].中国工业经济,2010(5):5-15.

[10] 程宝栋,田园,龙叶.产业国际竞争力:一个理论框架模型[J].科技和产业,2010(2):1-4,34.

[11] 金碚. 产业国际竞争力研究 [J]. 经济研究, 1996 (11): 39-44, 59.

[12] 徐匡迪, 朱高峰. 中国制造业可持续战略研究 [R]. 北京: 机械工业出版社, 1998.

[13] 金碚. 中国工业国际竞争力理论、方法与实证研究 [M]. 北京: 经济管理出版社, 1997.

[14] 马庆国. 管理科学研究方法 [M]. 北京: 高等教育出版社, 2008.

[15] 波特. 国家竞争优势 [M]. 李明轩, 邱如美, 译, 北京: 华夏出版社, 2002.

[16] 金碚, 李鹏飞, 廖建辉. 中国产业国际竞争力现状及演变趋势: 基于出口商品的分析 [J]. 中国工业经济, 2013 (5): 5-17.

[17] 汪应洛, 马亚男, 李泊溪. 几个竞争力概念的内涵及相互关系综述 [J]. 预测, 2003, 22 (1): 25-27.

[18] 孙林岩. 全球视角下的中国制造业发展 [M]. 北京: 清华大学出版社, 2008.

[19] 郎涌真, 王日芬, 朱晓峰. 竞争情报与企业竞争力 [M]. 北京: 华夏出版社, 2001.

[20] 攀钢. 论竞争力 [J]. 管理世界, 1998 (3): 10-15.

[21] 陶良虎, 张道金. 论产业竞争力理论体系 [J]. 湖北行政学院学报, 2006 (4): 53-55.

[22] 陈卫平, 朱述斌. 国内关于产业国际竞争力研究综述 [J]. 教学与研究, 2002 (4): 57-61.

[23] 魏后凯, 吴利学. 中国地区工业竞争力评价 [J]. 中国工业经济, 2002 (11): 54-62.

[24] 贝尔. 后工业社会的来临: 对社会预测的一项探索 [M]. 北京: 商务印书馆, 1986.

[25] 富永健一. 经济社会学 [M]. 孙日明, 杨栋梁, 译. 天津: 南开大学出版社, 1984.

[26] 世界经济论坛. 关于竞争力的报告 [R]. 1985.

[27] 世界经济论坛. 1994年全球竞争力报告 [R]. 1994.

[28] 曹远征, 孙安琴. 国际竞争力概念翻新 [N]. 经济日报, 1995-08-23.

[29] 狄昂照, 吴明录, 韩松, 等. 国际竞争力 [M]. 北京: 改革出版社, 1992.

[30] 《我国工业品国际竞争力比较研究》课题组. 论工业品国际竞争力 [J]. 中国工业经济, 1996 (4): 5-11.

[31] 杨燕青, 等. 中国与全球制造业竞争力报告 [R]. 第一财经研究院, 2018.

[32] 陈柳钦. 产业集群与产业竞争力 [J]. 南京社会科学, 2005 (5): 15-23.

[33] 徐康宁. 产业聚集形成的原因和影响的研究 [D]. 上海: 复旦大学, 2003.

[34] 斯密. 国民财富的性质和原因的研究: 下卷 [M]. 郭大力, 王亚南, 译. 北京: 商务印书馆, 2009: 60-70.

[35] 李嘉图. 政治经济学及赋税原理 [M]. 丰俊功, 译. 北京: 光明日报出版社, 2009: 152-156.

[36] 孙晓, 张少杰. 产业国际竞争力理论的源流与演化探析 [J]. 社会科学战线, 2015 (4): 263-266.

[37] 赫克歇尔, 俄林. 赫克歇尔-俄林贸易理论 [M]. 经济学名著译丛. 北京: 商务印书馆, 1984: 22-24.

[38] 张金昌. 国际竞争力评价的理论和方法 [M]. 北京: 经济科学出版社, 2002.

[39] 周密. 技术差距理论综述 [J]. 经济社会体制比较, 2009 (3): 186-191.

[40] 张会恒. 论产业生命周期理论 [J]. 财贸研究, 2004, 15 (6): 7-11.

[41] 戴宏伟. 产业梯度产业双向转移与中国制造业发展 [J]. 经济理论与经济管理, 2006 (12): 45-50.

[42] 赵永亮, 朱英杰. 企业异质性、贸易理论与经验研究: 综述 [J]. 经济学家, 2011 (9): 95-102.

[43] 郑小碧. 内生比较优势、国际贸易方式与收入分配: 一个新兴古典框架 [J]. 商业经济与管理, 2015 (2): 87-97.

[44] 克鲁格曼. 国际贸易新理论 [M]. 黄胜强, 译. 北京: 中国社会科学出版社, 2001: 14-22.

[45] 杨小凯. 发展经济学: 超边际与边际分析 [M]. 北京: 社会科学文献出版社, 2003: 82.

[46] 周丰滨, 蒋明, 沈伟利. 产业自生竞争力及其理论来源 [J]. 商业研究, 2008 (1): 58-60.

[47] 沈伟利,周丰滨.产业自生竞争力理论评估体系研究[J].学习与探索,2012(8):109-111.

[48] YANG X K. A new theory of demand and supply and emergence of international trade from domestic trade[J]. Pacific Economic Review, 1996, 1(3): 215-237.

[49] 芮明杰.产业竞争力的"新钻石模型"[J].社会科学,2006(4):68-73.

[50] 范晓屏.企业竞争力多相测度指标体系的构造[J].中国工业经济,1997(11):57-61.

[51] 陈志,董敏杰,金碚.产业竞争力研究进展述评[J].经济管理,2009(9):30-37.

[52] 金碚,李钢.竞争力研究的理论、方法与应用[J].综合竞争力,2009(1):4-9.

[53] 裴长洪,王镭.试论国际竞争力的理论概念与分析方法[J].中国工业经济,2002(4):41-45.

[54] 李春林.区域产业竞争力理论与实证[M].北京:冶金工业出版社,2005.

[55] 王又晨.马来西亚制造业国际竞争力分析[D].厦门:厦门大学,2017.

[56] 高怿.劳动成本变动的经济效应分析[D].杭州:浙江大学,2007.

[57] 赵彦云,张明倩.中国制造业产业竞争力评价分析[J].经济理论与经济管理,2005(5):23-30.

[58] 蔡昉.人口转变、人口红利与经济增长可持续性:兼论充分就业如何促进经济增长[J].人口研究,2004,28(2):2-9.

[59] 刘丹,王迪,赵蓓,等."制造强国"评价指标体系构建及初步分析[J].中国工程科学,2015(7):96-107.

[60] 习近平.习近平谈治国理政:第二卷[M].北京:外文出版社,2017:229-236.

[61] 李海鹏.产业集群竞争力指数评价模型研究[J].辽宁行政学院学报,2012,14(5):85-87.

[62] 朱振中,石志敏.新产品开发中评价指标体系的建立与模糊综合评价[J].山东工程学院学报,2001,15(3):70-74.

[63] 彭张林,张爱萍,王素凤,等.综合评价指标体系的设计原则与构建流

程[J]. 科研管理, 2017 (S1): 209-215.

[64] 陈少克, 陆跃祥. 建立产业国际竞争力提升指标体系的框架思路[J]. 商业研究, 2012 (3): 36-41.

[65] 陈肖舒. 西方福利经济理论的批评与反思[D]. 长春: 吉林大学, 2017.

[66] 陈银娥. 西方福利经济理论的发展演变[J]. 华中师范大学学报(人文社会科学版), 2000, 39 (4): 89-95.

[67] 斯密. 国民财富的性质和原因研究[M]. 北京: 商务印书馆, 1972.

[68] 井润生. 西方福利经济学的发展演变[J]. 学术研究, 2002 (8): 12-15.

[69] 陈红霞. 社会福利思想[M]. 北京: 社会科学文献出版社, 2002.

[70] PIGOU A C. The economics of welfare[M]. London: The Macmillan Company, 1932.

[71] 庇古. 福利经济学(上、下)[M]. 金镝, 译. 北京: 华夏出版社, 2017: 73-79.

[72] 张伟. 经济福利测度: 理论分析与中国经验研究[D]. 武汉: 华中科技大学, 2010.

[73] 马旭东, 史岩. 福利经济学: 缘起、发展与解构[J]. 经济问题, 2018 (2): 9-16.

[74] 胡勇军, 胡声军. 福利经济学及其理论演进[J]. 江西青年职业学院学报, 2005, 15 (4): 53-55.

[75] 李仁贵, 党国印. 1998年度诺贝尔经济学奖获得者阿马蒂亚·森生平与学术贡献[J]. 经济学动态, 1998 (11): 50-58.

[76] 姚明霞. 西方理论福利经济学研究[D]. 北京: 中国人民大学, 2001.

[77] 黄淑玲. 福利经济学述评[J]. 沈阳工程学院学报(社会科学版), 2007, 3 (4): 522-524.

[78] 黄有光. 福利经济学[M]. 北京: 中国友谊出版公司, 2002.

[79] 肖红, 郭丽娟. 中国环境保护对产业国际竞争力的影响分析[J]. 国际贸易问题, 2006, 288 (12): 92-96.

[80] 高慧颖, 聂超, 袁浩川. 基于帕累托效应的科研评价实证初探[J]. 图书情报工作, 2010, 54 (18): 32-35.

[81] 何庆明, 戴丽萍. "竞合"理论的帕累托效应研究[J]. 华南农业大学学报

（社会科学版），2004，3（3）：58-62.

[82] 池仁勇，郭元源，段姗，等.产业集群发展阶段理论研究[J].软科学，2015，19（5）：1-3，11.

[83] 刘衡，王龙伟，李垣.竞合理论研究前沿探析[J].外国经济与管理，2009，31（9）：1-8，52.

[84] 中华人民共和国国家统计局.中国主要统计指标诠释[M].2版.北京：中国统计出版社，2013.

[85] 英国政府科技办公室.The future of manufacturing: a new era of opportunity and challenge for the UK（英国工业2050战略：未来制造业，一个新时代给英国带来的机遇与挑战）[R].2016.

[86] 《中国中车年鉴》编委会.中国中车年鉴2016[M].北京：中国铁道出版社，2016.

[87] 张纲.供给侧结构性改革中的制造业质量升级[J].中国工程科学，2017，19（3）：29-38.

[88] 迟秀萍.工业增加值率的计算及在效益分析中的应用[J].贵州化工，2003，28（4）：38-40.

[89] 牛凌云，窦丽琛.关于工业增加值率指标的探讨和分析[J].河北经贸大学学报，2000，21（6）：74-78.

[90] 支树平.建设质量强国 迈向质量时代[J].品牌与标准化，2017（12）：24-45.

[91] 制造质量强国战略研究课题组.制造质量强国战略研究·基础卷[M].北京：中国标准出版社，2016.

[92] 田芬.小微企业发展状况研究[J].调研世界，2015（9）：7-10.

[93] 李平.改革开放40年科技体制改革发展历程[N].经济日报，2018-09-13.

[94] "中国制造业体制机制改革与政策调整研究"课题组.制造业体制机制改革与政策调整[J].中国工程科学，2015（7）：37-40.

[95] 侯永志，张军扩，刘云中，等.生产力布局的内涵及我国生产力布局存在的问题[J].发展研究，2014（12）：4-7.

[96] 魏后凯.产业转移的发展趋势及其对竞争力的影响[J].福建论坛（经济社

会版), 2003 (4): 11-15.

[97] 左世全. 第三次工业革命与我国制造业战略转型研究 [J]. 世界制造技术与装备市场, 2015 (3): 41-48.

[98] 日本经济产业省. 日本制造业白皮书 (2018) [R]. 工业4.0研究员, 译. 2018.

[99] 张玉来. 日本制造业新特征及其转型之痛 [J]. 日本学刊, 2019 (S1): 137-141.

[100] 魏宏森. 钱学森构建系统论的基本设想 [J]. 系统科学学报, 2013, 21 (1): 1-8.

[101] 薛澜. 国际竞争力的概念和分析方法 [J]. 中国科技论坛, 1995 (6): 30-34.

[102] 牛丽贤, 张寿庭. 产业组织理论研究综述 [J]. 技术经济与管理研究, 2010 (6): 136-139.

[103] 谭蓉娟, 谭媛元, 陈树杰. 产业位势视角下中国先进制造业竞争力维度结构研究 [J]. 科技进步与对策, 2015, 32 (16): 43-49.

[104] 洪银兴. 从比较优势到竞争优势: 兼论国际贸易的比较利益理论的缺陷 [J]. 经济研究, 1997 (6): 20-26.

[105] 胡昭玲. 国际垂直专业化与贸易理论的相关拓展 [J]. 经济评论, 2007, 144 (2): 135-139.

[106] 程强, 武笛. 科技创新驱动传统产业转型升级发展研究 [J]. 科学管理研究, 2015, 33 (4): 58-61.

[107] 程惠芳, 潘望, 詹淼华. 创新型企业: 从模仿创新走向自主创新: 浙江省创新型企业发展调查分析 [J]. 浙江经济, 2015 (1): 34-36.

[108] 陈劲, 陈钰芬. 企业技术创新绩效评价指标体系研究 [J]. 科学学与科学技术管理, 2006, 27 (3): 86-91.

[109] 蒋泰维. 以自主创新推进经济发展方式转变 [J]. 今日浙江, 2010 (12): 42-43.

[110] 朱高峰, 王迪. 当前中国制造业发展情况分析与展望: 基于制造强国评价指标体系 [J]. 管理工程学报, 2017, 31 (4): 1-7.

[111] 赵蔷, 吴进军, 夏鹏, 等. "制造强国" 评价指标体系优化与测评研究 [J].

中国工程科学,2017,19(3):13-19.

[112] 向继东,杨小凯.从经济学角度看中国问题[J].书屋,1998(6):35-37.

[113] 张维迎.产业政策是与非[J].商业观察,2016(11):12-13.

[114] 张维迎.为什么产业政策注定会失败?[J].中国连锁,2016(11):84-86.

[115] 林毅夫.新结构经济学[M].北京:北京大学出版社,2018.

[116] 银昕,徐豪,陈惟杉.林毅夫VS张维迎:一场产业政策的"世纪之辩"[J].中国经济周刊,2016(44):16-17.

[117] SCHWAB D P.Construct validity in organizational behavior[J].Research in organizational behavior,1980(2):3-43.

[118] 王重鸣.心理学研究方法[M].北京:人民教育出版社,1990.

[119] SCHRIESHEIM C,HINKIN T.Influence tactics used by subordinates: a theoretical and empirical analysis and refinement of the kipnis, schmidt, and wilkinson subscales[J]. Journal of applied psychology,1990,75(3):246-257.

[120] VON BERTALANFFY L. General system theory: foundations, development, applications[M].New York: George Braziller Inc.,1968.

[121] CHAN D.Functional relations among constructs in the same content domain at different levels of analysis: a typology of composition models[J].Journal of applied psychology,1998,83(2):234-246.

[122] GERBING D W, ANDERSON J C. An updated paradigm for scale development incorporating unidimensionality and its assessment[J]. Journal of marketing research,1988,25(2):186-192.

[123] HAYNES S N, RICHARD D C S, KUBANY E S Content validity in psychological assessment: a functional approach to concepts and methods[J].Psychological assessment,1995,7(3):238-247.

[124] HINKIN T R.A brief tutorial on the development of measures for use in survey questionnaires[J].Organizational research methods,1998, 2(1):104-121.

[125] JARVIS C B, MACKENZIE S B, PODSAKOFF P M.A critical review of

construct indicators and measurement model misspecification in marketing and consumer research[J]. Journal of consumer research, 2003, 30 (2):199-218.

[126] KLEIN K J, DANSEREAU F, HALL R J. Levels issues in theory development, data collection, and analysis[J]. The academy of management review, 1994, 19 (2): 195-229.

[127] MACKENZIE S B, PODSAKOFF P M, PODSAKOFF N P. Construct measurement and validation procedures in mis and behavioral research: integrating new and existing techniques[J]. Mis quarterly, 2011, 35 (2): 293-334.

[128] 朱高峰,王迪. 让创新真正推动经济发展 [J]. 高等工程教育研究, 2017 (2): 1-5.

[129] 朱高峰. 略谈技术创新与制度创新 [J]. 高等工程教育研究,1999(2): 1-2.

[130] 朱高峰. 论科学与技术的区别：建立创新型国家中的一个重要问题 [J]. 高等工程教育研究, 2010 (3): 10-14, 30.

[131] 熊彼特. 经济发展理论 [M]. 王永胜, 译. 上海：立信会计出版社, 2017.

[132] 蒂尔, 马斯特斯. 从0到1: 开启商业与未来的秘密 [M]. 高玉芳, 译. 北京: 中信出版社, 2015.

[133] MACKENZIE S B. The dangers of poor construct conceptualization[J]. Journal of the academy of marketing science, 2003, 31 (3): 323-326.

[134] 王伟楠. 基于企业社会责任视角的破坏性创新能力评价研究 [D]. 北京：北京邮电大学, 2018.

[135] "制造强国的主要指标研究"课题组. 制造强国的主要指标 [J]. 中国工程科学, 2015 (7): 7-19.

附录 A 9-306 制造业产业竞争力指标池

序号	选取维度 （H1~H9 假设）	测量指标	是否合适 Y/N	是否准确 Y/N
1	A. 产业规模	制造业总规模		
2		制造业人均规模		
3		制造业人均规模增加值的多寡		
4		人均产值		
5		居民消费水平		
6		固定资产增长		
7		地区生产总值增长		
8		产品市场份额		
9		主营产品种类		
10		市场营销能力		
11		无形资产规模		
12		制造业增加值		

续表

序号	选取维度 (H1~H9 假设)	测量指标	是否合适 Y/N	是否准确 Y/N
13	A. 产业规模	工业增加值		
14		企业规模		
15		总资产		
16		主营业务收入		
17		总利润		
18		工业销售额		
19		制造业总产值（VAL）		
20		制造业从业人数（LBR）		
21		制造业固定资产（CAP）		
22		外商投资水平（FDI）		
23		制造业企业平均规模（SCL）		
24		工业增长力（地区工业总产值的增长率）		
25		制造业 GDP 年复合增长率		
26		制造业出口总额		
27		工业总产值增速		
28		工业增加值占地区生产总值的比重		
29		大中型企业新产品产值占总产值比重		
30		大中型企业新产品销售收入占主营业务收入比重		
31		高度化水平（机械电子类产值占制造业总产值比重）		
32		产品销售收入		
33		吸引外资的额度占总制造业总投资的比例		
34		（三产业总计）贸易竞争指数（TC）[产业（出口额－进口额）/产业（出口额＋进口额）]		
35		显示性比较优势指标（RCA）（地区出口总额中某类商品出口所占份额/世界出口总额中该类商品出口所占份额）		
36		显示性竞争优势指数（CA），该指标是从出口的比较优势中减去该产业进口的比较优势，从而得到该国该产业的真正竞争优势		

续表

序号	选取维度 （H1~H9 假设）	测量指标	是否合适 Y/N	是否准确 Y/N
37		出口产品召回通报指数		
38		采购的标准和质量		
39		高技术产品贸易竞争优势指数		
40		制造业产品质量合格率		
41		制造业增加值率		
42		专业市场（对制造业竞争力的贡献，下同）		
43		供销员（行商）		
44		经销（代理商）		
45		专卖店		
46		市场宣传		
47		广告投放		
48		促销		
49		制造业企业之间的合作		
50	B. 质量效益	国际市场占有率（MS）（地区出口总额/世界出口总额）（重合）		
51		市场信誉度		
52		本产业的市场占有率		
53		合资品牌数目、价值大小		
54		自主品牌		
55		制造业产品国际市场占有率		
56		境外销售比重		
57		境外销售增长率		
58		国际市场占有率		
59		显性比较优势指数		
60		贸易竞争力指数		
61		净出口显性比较优势指数		
62		显性竞争优势指数		
63		制造业国际竞争力（贸易附加值）		

续表

序号	选取维度 （H1~H9 假设）	测量指标	是否合适 Y/N	是否准确 Y/N
64	B. 质量效益	市场影响力［市场份额的绝对数以及相对市场份额（区位商）两大指标］		
65		国际市场规模与增长率		
66		产品占有国际市场份额		
67		产品进入国际市场前景		
68		进出口的容易程度		
69		进入国际市场的障碍		
70		贸易开放程度 FC（制造业最终产品的出口额与总产出的比值）		
71		市场化程度		
72		对竞争者认知程度		
73		一国制造业品牌的多寡		
74		制造业国际知名品牌数量		
75		制造业国内知名品牌数量		
76		制造业地方知名品牌数量		
77		制造业品牌的建设过程		
78		制造业品牌的维持过程		
79		营业利润增长率		
80		劳动生产率		
81		销售利润率		
82		本产业的利润总额		
83		本产业的流动资产周转率		
84		本产业的资本保值增值率		
85		本产业的成本费用利润率		
86		本产业的全员劳动生产率		
87	C. 产业结构	基础产业增加值占全球基础产业增加值比重		
88		全球《财富》500 强中本国制造业企业营业收入占全部制造业企业营业收入比重		
89		装备制造业增加值占制造业增加值比重		

续表

序号	选取维度 （H1~H9假设）	测量指标	是否合适 Y/N	是否准确 Y/N
90	C. 产业结构	技术工人使用技术装备的水平		
91		劳动力装备的平均水平		
92		劳动力人口比例		
93		地理位置		
94		能源供应		
95		金融贷款能力（年末金融机构总存款数额）		
96		资本充足指数（资产总额/行业平均从业人数）		
97		劳动力结构变化指数（行业工程师及科研人数增长率）		
98		区域产业从业人员数		
99		中高层管理者的高学历比例		
100		中高层管理者的中高级职称比例		
101		人均培训费用		
102		人均培训时间		
103		单位劳动力成本（平均劳动报酬与劳动生产率的比率）		
104		制造业人才的海外见习派遣经历		
105		制造业企业通过开设培训班进行员工教育		
106		制造业企业通过科普活动进行员工教育		
107		标志性产业的产品集中度		
108		生产管理水平		
109		财务管理水平		
110		信息管理水平		
111		市场管理水平		
112		产业组织能力		
113		标准与技术水平		
114		质量管理水平		
115		质量监督与检验水平		
116		实现产品全生命周期管控的企业比例		

续表

序号	选取维度 （H1~H9 假设）	测量指标	是否合适 Y/N	是否准确 Y/N
117		产业集聚程度		
118		生产性服务业 MS 指数（%）		
119		生产性服务贸易出口		
120		生产性服务业研发投入强度		
121		结构转换力（高增长行业产值占地区工业总产值的比重和加工工业产值占地区工业总产值两个指标）		
122		装备制造业增加值占制造业增加值比重		
123		高端技术密集型制造业出口占比		
124		生产性服务贸易出口		
125		生产性服务贸易进口		
126		国内市场份额		
127		企业密度（企业数量/平方千米）		
128		工业总产值密度指标（工业总产值/平方千米）		
129	C. 产业结构	交通设施便利程度		
130		通信设施完善程度		
131		工业园区设施		
132		行业协会的帮助（解除纠纷，促进企业间沟通等）		
133		本地金融市场完善程度（银行、证券市场）		
134		公共的研发机构所起的作用（高校等）		
135		行业公共培训体系（企业联合建立职业培训学校）		
136		本地商业环境		
137		基础设施环境		
138		铁路运输能力（总营业里数）		
139		水路运输能力（港口吞吐量）		
140		银行的支持度		
141		物流能力（物流绩效指数）		

续表

序号	选取维度 （H1~H9假设）	测量指标	是否合适 Y/N	是否准确 Y/N
142	C. 产业结构	教育基础设施对产业的支撑度		
143		数字化研发设计工具普及率		
144		工业互联网推进指数		
145		供应商的专业化		
146		供应商的实力		
147		供求关系的匹配		
148		企业与供应商的紧密程度		
149		主要原材料的供应数量		
150		主要原材料的供应质量		
151		主要原材料的供应价格		
152		机械设备的供应数量		
153		机械设备的供应质量		
154		机械设备的供应价格		
155		供应商对企业订单的满足率		
156		分销商与企业的关联度		
157		制造业供应商网络普及率		
158		外商直接投资		
159		制造业平均工资比较		
160		劳动报酬（制造业小时劳动报酬）		
161	D. 可持续发展能力	研发经费支出		
162		制造业发展水平（MAS）		
163		研究人员的素质		
164		研究人员的可得性		
165		工程师的素质		
166		工程师的可得性		
167		技术工人的素质		
168		技术工人的可得性		

续表

序号	选取维度 (H1~H9 假设)	测量指标	是否合适 Y/N	是否准确 Y/N
169	D. 可持续发展能力	技术工人的平均年龄		
170		人才政策问题		
171		员工的软性技能（如艺术能力、创造力、对多样性的欣赏等）		
172		人才的专业结构		
173		人才的年龄结构		
174		人才的工龄结构		
175		人才的受教育结构		
176		人才受专业培训次数		
177		人才的晋升制度		
178		制造业研发人员占制造业从业人员比重		
179		制造业采购经理人指数		
180		招工面临困难的雇主比例		
181	E. 人力资本	理工科毕业生人数		
182		人力资源规模		
183		人力资源结构		
184		人力资源薪酬		
185		人力资源管理水平		
186		劳动力供应		
187		制造业研发投入强度		
188		制造业研发人员占制造业从业人员比重		
189		企业与同类型其他企业的合作（共同接订单、共用设备等）		
190		企业与相关企业的交流（互相参观、学习等）		
191		工业创新力（非国有工业产值占地区工业总产值的比重以及企业科技经费支出占GDP的比重）		
192		技术研发强度［研究与实验发展经费支出LN（RD）］		
193		有效发明专利数增长率		

续表

序号	选取维度 （H1~H9假设）	测量指标	是否合适 Y/N	是否准确 Y/N
194	E. 人力资本	每万人专利申请数		
195		知识获取能力		
196		知识学习能力		
197		知识整合能力		
198		知识创新能力		
199		知识纠错能力		
200		创新投入强度		
201		核心技术拥有水平		
202		创新人才比例		
203		创新成果产业化比例		
204		协同创新能力		
205		研发与技术改造能力		
206		核心技术能力		
207		市场适应能力		
208		研发投入占GDP的比重		
209		全球创新指数（GII）		
210		一国高端芯片或电子及通信设备制造类营业收入		
211		一国高端芯片或电子及通信设备制造类销售额		
212		一国高端芯片或电子及通信设备制造类增加值		
213		信息化发展指数		
214		智能制造就绪率		
215		中国制造业两化融合指数		
216		每百万居民中研究者人数		
217		制造业人才的合理教育结构		
218		从事科技活动的企业数占所在产业全部企业的比重		

续表

序号	选取维度 （H1~H9 假设）	测量指标	是否合适 Y/N	是否准确 Y/N
219		本产业的资源消耗		
220		本产业三废综合利用产品产值率		
221		单位制造业增加值能耗		
222		工业固体废物综合利用率		
223		单位产值能耗		
224		单位产值三废排放量		
225		三废排放达标率		
226		单位产值电耗		
227		废气利用率		
228		水资源复用率		
229		固体废料利用率		
230		单位产值固体废物产生量		
231	E. 人力资本	单位产值二氧化硫排放量		
232		单位产值化学需氧量排放量		
233		单位产值废气排放率		
234		低碳指数（环保投资与 GDP 的比重）		
235		工业软件普及度		
236		网络就绪指数		
237		信息化网络环境［LN（互联网宽带接入端口）LN（IBA））]		
238		信息化投入力度［微电子控制经费／生产经营用设备原价（MCOC）］		
239		每百人拥有互联网宽带接入端口		
240		每百人拥有移动电话交换机容量		
241		信息管理水平		
242		高性能计算机在制造业中使用占比		
243		国家的经济体系		
244	F. 宏观环境	国家的贸易体系		
245		国家的金融体系		

续表

序号	选取维度 (H1~H9假设)	测量指标	是否合适 Y/N	是否准确 Y/N
246	F. 宏观环境	国家的税务体系		
247		国家法律法规体系的完善		
248		法律法规体系与制造业发展的配合度		
249		制造业吸引国内外投资状况		
250		金融支持环境		
251		科技信贷筹资比重		
252		经济发展水平（居民消费水平）		
253		经济发展水平（人均地区生产总值）		
254		天然气和工业用电价格		
255		制造业发展政策		
256		制造业财税政策		
257		中小微型制造企业获得的发展		
258		政策保障环境		
259		税收政策（税率高低）		
260		政府能源政策对产业的支撑度		
261		法律监管环境的稳定性和透明度		
262		对外国投资的限制程度		
263		贸易出口的竞争力		
264		税收负担和制度的复杂性		
265		外部机遇｛主要发达国家高科技出口[LN(HTE)]｝		
266		外部机遇（高科技出口占比）		
267	G. 政府因素与政策	政府对中小微型制造企业的支持力度		
268		地方政府的引导政策		
269		地方政府对大型（规模以上）制造企业的关注		
270		地方政府对中小微型制造企业的关注		
271		政府对制造业企业的海外拓展（会展服务、国家形象广告）		

续表

序号	选取维度（H1~H9假设）	测量指标	是否合适 Y/N	是否准确 Y/N
272	G. 政府因素与政策	政府教育对适合社会变化、产业动向的具备高水平知识与技能装置人才的重视		
273		政府对制造业创新的投资		
274		政府的支持度		
275		法律监管环境的稳定性和透明度		
276		非公企业比重		
277		企业数量		
278	H. 制造业企业个体及集群（装备）	数控机床数		
279		机器人/机器手臂代替工人数		
280		高科技制造业占比		
281		进行内部研发的制造企业比重		
282		进行外部研发（外包）的制造企业比重		
283		本产业科研经费支出占销售收入比重		
284		本产业的专利授权量		
285		单位制造业增加值的全球发明专利授权量		
286		先进制造技术		
287		先进制造管理		
288		先进制造模式		
289		工业 SO_2 去除率（SO_2）		
290		技术创新活力（PNT）		
291	I. 企业本身	利用企业内部自筹基金积累资本		
292		利用外部直接融资（如发行股票、债券）积累资本		
293		利用外部间接融资（如向国有商业银行和城市合作信用社等贷款）积累资本		
294		利用产业基金和风险投资基金积累资本		
295		集群内企业销售收入总额		
296		集群内企业净资产总额		
297		企业中长期投资比例		

续表

序号	选取维度 （H1~H9 假设）	测量指标	是否合适 Y/N	是否准确 Y/N
298	I. 企业本身	投资回收期		
299		固定资产投资额		
300		产业劳动力成本		
301		制造业采购经理人指数		
302		营业利润		
303		对竞争者认知程度		
304		市场谈判能力		

附录 B　5-101 制造业产业竞争力指标体系

序号	维度指标	测量指标
1	A. 宏观环境	国家的经济体系
2		国家的贸易体系
3		国家的金融体系
4		国家的税务体系
5		国家法律法规体系的完善
6		法律法规体系与制造业发展的配合度
7		制造业吸引国内外投资状况
8		制造业发展政策
9		制造业财税政策
10		政策保障环境
11		政府能源政策对产业的支撑度
12		税收负担和制度的复杂性
13		法律监管环境的稳定性和透明度
14	B. 制造业规模	本国制造业增加值

续表

序号	维度指标	测量指标
15	B. 制造业规模	固定资产增长
16		制造业总产值
17		制造业从业人数
18		制造业固定资产
19		制造业企业平均规模
20		制造业出口总额
21		专业市场强弱
22		经销（代理商数）
23		专卖店数
24		市场宣传
25		广告投放
26		制造业企业之间的合作
27		国际市场占有率＝地区出口总额／世界出口总额
28		制造业产品国际市场占有率
29		市场信誉度
30		制造业出口占全球制造业出口总额比重
31		（三产业总计）贸易竞争指数＝产业（出口额－进口额）／产业（出口额＋进口额）
32		吸引外资的额度占制造业总投资的比例
33		进出口的容易程度
34		对竞争者认知程度
35		制造业国际知名品牌数量
36		市场谈判能力
37	C. 产业结构	基础产业增加值占全球基础产业增加值比重
38		国际市场规模与增长率
39		全球《财富》500强中本国制造业企业营业收入占全部制造业企业营业收入比重
40		装备制造业增加值占制造业增加值比重
41		技术工人使用技术装备的水平

续表

序号	维度指标	测量指标
42	C. 产业结构	劳动力装备的平均水平
43		制造业企业通过开设培训班进行员工教育
44		标志性产业的产品集中度
45		结构转换力
46		高端技术密集型制造业出口占比
47		企业密度（企业数量/平方千米）
48		基础设施环境
49		银行的支持度
50		教育基础设施对产业的支撑度
51		主要原材料的供应
52		主要原材料的供应价格
53		机械设备的供应数量
54		机械设备的供应质量
55		机械设备的供应价格
56		地理位置
57		能源供应
58		行业协会的帮助（解除纠纷，促进企业间沟通等）
59	D. 质量效益	数控机床数
60		机器人/机器手臂代替工人数
61		高科技制造业占比
62		进行内部研发的制造企业比重
63		本国制造业的专利授权量
64		先进制造技术
65		先进制造管理
66		先进制造模式
67		本国制造业增加值率
68		制造业人均规模增加值
69		企业的流动资产周转率
70		企业的资本保值增值率

续表

序号	维度指标	测量指标
71	D. 质量效益	全员劳动生产率
72		高技术产品贸易竞争优势指数
73		销售利润率
74		出口产品召回通报指数
75		制造业采购的标准和质量
76		本国制造业拥有的世界知名品牌数
77	E. 可持续发展能力	研究人员的素质
78		研究人员的可得性
79		工程师的素质
80		工程师的可得性
81		技术工人的素质
82		技术工人的可得性
83		员工的艺术能力、创造力等
84		人才的晋升制度
85		制造业研发投入强度
86		制造业研发人员占制造业从业人员比重
87		有效发明专利数增长率
88		核心技术拥有水平
89		创新成果产业化比例
90		研发与技术改造能力
91		研发投入占 GDP 的比重
92		本产业的资源消耗
93		三废综合利用产品产值率（和废水、废气合并）
94		单位产值能耗
95		网络就绪指数
96		单位制造业增加值的全球发明专利授权量
97		单位制造业增加值能耗
98		每百人拥有互联网宽带接入端口
99		每百人拥有移动电话交换机容量

续表

序号	维度指标	测量指标
100	E. 可持续发展能力	高性能计算机在制造业中使用占比
101		工业固体废物综合利用率

附录 C 4-21 制造业产业竞争力指标体系

序号	维度指标	测量指标	评分
1	产业规模	本国制造业增加值	
2		制造业出口占全球制造业出口总额比重	
3		贸易竞争指数 = 产业（出口额 - 进口额）/ 产业（出口额 + 进口额）	
4		吸引外资的额度占制造业总投资的比例	
5	产业结构	基础产业增加值占全球基础产业增加值比重	
6		全球《财富》500强中本国制造业企业营业收入占全部制造业企业营业收入比重	
7		装备制造业增加值占制造业增加值比重	
8		标志性产业的产品集中度	
9	质量效益	本国制造业增加值率	
10		全员劳动生产率	
11		高技术产品贸易竞争优势指数	
12		销售利润率	
13		出口产品召回通报指数	
14		本国制造业拥有的世界知名品牌数	
15	可持续发展能力	制造业研发投入强度	
16		制造业研发人员占制造业从业人员比重	
17		研发投入占GDP的比重	
18		网络就绪指数	

续表

序号	维度指标	测量指标	评分
19	可持续发展能力	单位制造业增加值的全球发明专利授权量	
20		单位制造业增加值能耗	
21		工业固体废物综合利用率	

附录 D 指标系统专家打分表

这是一份关于"制造业产业竞争力评价指标体系"的调查问卷。请您对指标体系进行权重打分：根据各层次指标相对于其上一层次评价目标所起作用的大小进行选择，重要性（非常重要、重要、比较重要、一般重要、不太重要、不重要、非常不重要）从高到低依次采用七级量表进行衡量。打分时请考虑区分同一层次各评价指标间的相对重要性，请在您所选择的相对重要性方框内打钩，并请不要遗漏指标，保证对每个指标均进行选择打分（表 D-1、表 D-2）。

非常感谢您的支持与合作！谢谢！

表 D-1 制造业产业竞争力评价指标体系专家打分表 -1

维度指标相对于总目标	重要性打分						
制造业产业竞争力	非常不重要	不重要	不太重要	一般重要	比较重要	重要	非常重要
规模							
效益							
结构							
可持续发展能力							

表 D-2　制造业产业竞争力评价指标体系专家打分表 -2

测量指标相对于测量指标	重要性打分						
规模（2 指标）	非常不重要	不重要	不太重要	一般重要	比较重要	重要	非常重要
制造业增加值							
制造业出口占全球出口总额比重							
效益（6 指标）	非常不重要	不重要	不太重要	一般重要	比较重要	重要	非常重要
出口产品召回通报指数							
一国制造业拥有世界知名品牌数							
制造业增加值率							
制造业全员劳动生产率							
高技术产品贸易竞争优势指数							
效益（6 指标）	非常不重要	不重要	不太重要	一般重要	比较重要	重要	非常重要
销售利润率							
结构（4 指标）	非常不重要	不重要	不太重要	一般重要	比较重要	重要	非常重要
基础产业增加值占全球比重							
全球《财富》500 强中本国制造业企业营业收入占比							
装备制造业增加值占制造业增加值比重							
标志性产业的产品集中度							
可持续发展能力（7 指标）	非常不重要	不重要	不太重要	一般重要	比较重要	重要	非常重要
单位制造业增加值的全球发明专利授权量							
制造业研发投入强度							
制造业研发投入占 GDP 的比重							
制造业研发人员占从业人员比重							
单位制造业增加值能耗							
工业固体废物综合利用率							
网络就绪指数							

附录 E 李克特调查问卷

1. 制造业产业竞争力与经济福利调查（乱序问卷）

大家好：

很高兴您能参加这份问卷调查！

为了探索制造业产业竞争力与经济福利之间的耦合关系，这里根据中国制造业产业管理、产业运营和产业决策等多位专家的意见和建议，整理了相关40条题项，并编制了如下李克特量表调查问卷。李克特量表由美国社会心理学家李克特于1932年在原有的加总量表方法论基础上改进而成，每个题项由一组陈述组成，每一陈述有"非常重要""比较重要""一般重要""不太重要""非常不重要"五种回答，分别记为5、4、3、2、1，您的态度总分即您对各道题的回答所得分数的加总，这一总分可基本说明您的态度强弱或在这一量表上的不同状态。

为感谢您的时间，按照"下一步"提交流程，我们提供××作为感谢！

调查问卷组

2017年8月4日

编号	内容	非常重要	比较重要	一般重要	不太重要	非常不重要
1	中国制造业总体规模已经居世界第一位，这对中国制造业竞争力提升具有重要意义					
2	人均制造业增加值的多寡才是显示一国制造业竞争力的重要显性指标之一					
3	研究人员、工程师素质与可得性					
4	技术工人的素质和可得性					

续表

编号	内容	非常重要	比较重要	一般重要	不太重要	非常不重要
5	国家的经济、贸易、金融与税务体系					
6	一个国家的劳动者素质、供应与生产力是帮助他们达成创新与成长目标的最重要因素					
7	鼓励或直接资助制造业企业员工教育					
8	中国的"人口红利"没有结束,只是"劳动力结构"需要转变					
9	一个国家的劳动者素质、供应与生产力对制造业竞争力提升具有重要意义					
10	以开发有智能与技能的人才为优先——因为这些人才是竞争优势的来源,同时也受惠于制造业的基础建设与生态体系					
11	高生产力的人力资本与技术带动经济,而不只是低成本的劳动力					
12	许多美国制造业厂商塑造了一种企业精神,特别鼓励员工的软性技能(如艺术能力、对多样性的欣赏、创造力等),可以在传统的"硬性"技能之外,增加"隐形"价值,进而改善他们的生产力					
13	制造业品牌体现了制造业竞争力					
14	一国制造业品牌的多寡体现了制造业整体实力和竞争力					
15	制造业品牌建设的过程,也是企业在管理、标准、人力资本等各方面提升的过程					
16	制造业品牌的建设与维持非一夕之功					
17	政府对制造业创新的投资					
18	法律法规体系的完善					
19	法律法规体系与制造业发展的配合度					
20	公共政策对制造业的影响					
21	一国制造业竞争力与制造业竞争力高低是两个不同的概念					
22	制造业创新对制造业竞争力提升具有重要意义					
23	中小微型制造企业获得发展是一国制造业竞争力提升的关键因素之一					

续表

编号	内容	非常重要	比较重要	一般重要	不太重要	非常不重要
24	大型制造业企业意味着更关注人力资本、创新和品牌建设					
25	在现阶段，中国中、小、微型制造企业的发展未得到政府的有效支持					
26	地方政府在引导制造业投资上存在盲目和无序竞争行为					
27	对地方政府的考核机制不利于市场机制的发挥					
28	制造业人才需求要求合理的教育结构					
29	制造业需要合理的人才结构					
30	社会、企业、个人（包括家庭）需要重视人才的投入和产出					
31	制造业创新流程：在科研院所和企业之间存在创新的"死亡谷"，在两者之间建立"制造业创新研究所"具有重要意义					
32	根据资源禀赋有针对性地发展地方产业，包括制造业					
33	地方政府无视资源禀赋，追求短期效应，盲目无序发展某些制造产业，存在不少这种现象					
34	地方政府更关注大型（规模以上）制造企业					
35	地方政府对小、微型制造业的关注（政策支持）不比大型企业少					
36	财税政策不利于中小微型制造企业的发展					
37	财税政策过于僵化，不利于制造业企业的发展					
38	政府对制造业企业的海外拓展（会展服务、国家形象广告）					
39	制造业人才的海外见习派遣					
40	政府教育应致力于培养适合社会变化和产业动向、具备高水平知识与技能的专职人才					

2. 产业环境调查

编号	内容	完全不同意	不太同意	无所谓	基本同意	完全同意
1	国家的经济、贸易、金融与税务体系是驱动制造业竞争力提升的重要因素					
2	法律法规体系					
3	制造业政策"政出多门"损害制造业竞争力提升					
4	地方政府横向竞争造成国家整体制造业竞争力下降					
5	政府不断运用国家政策作为制造业竞争力提升的驱动力					
6	医疗保健体系					
7	地方资源的重点倾斜,大力发展制造业					
8	地方政府无视资源禀赋,追求短期效应,盲目无序发展某些制造产业					
9	地方政府更关注大型(规模以上)制造企业					

注:产业环境调查基于资源禀赋和政策的共同作用。

3. 产业竞争力的调查

编号	内容	不符合	不太符合	基本符合	比较符合	非常符合
1	该行业中企业具有较好的投资回报满意度					
2	该行业中企业具有较好的净利润满意度					
3	该行业中企业具有较好投资回报程度和净利润增长率					
4	该行业中企业具有较高的市场占有率					
5	该行业中企业具有较高的流动资金增长					
6	该行业中企业具有较高的营业额增长					

4. 个人信息

这部分主要了解您的基本情况,将您所适合的答案打钩,我们对您所填内容完全保密。

内容	选择题型				
性别	男 □			女 □	
年龄	25岁以下 □	26～35岁 □	36～45岁 □	46～50岁 □	50岁以上 □
教育程度	专科 □	大学本科 □	硕士 □	博士 □	
工作年份	5年及以下 □	5～10年 □	10年以上 □		

后　记

　　本书的出版受到上海工程技术大学工程教育发展研究中心院士项目和中国工程院教育委员会工程教育研究项目的资助。本书是在我的博士论文的基础上修改、完善、充实后完成的。基于经济福利视角的中国制造业竞争力评价研究，经过几年的努力终于付梓成书，总算有了一个阶段性成果，真挚感恩之情溢于言表，想说的话很多，有必要先对本书背景脉络做一个总结概括。

　　制造业是涉及国民经济多个门类的一个复合产业群体，直接体现了一个国家的生产力水平。如何评价一国（或地区）的制造业水平，已有不少研究机构在推进这项工作，如德勤和美国竞争力委员会定期发布《全球制造业竞争力指数》，世界经济论坛、瑞士洛桑国际管理发展学院等组织也经常会有竞争力的报告发布。在这个过程中，我发现一个浅显且奇怪的现象，在以上所有组织的报告中，中国均超过美国，是全球最具竞争力的制造业国家，但同时业界专家并不这么认为。如我国制造业劳动生产率约为美国的1/10，单位制造业增加值能源消耗占全球水平的19.3%，出口产品质量召回事件每年均有发生等，这第一是怎么来的？

　　应如何客观、冷静和全面地评估中国制造业产业的整体竞争力水平，目前已有的产业竞争力评价模型不能解释新的现象，如何评价、解释和修正已

后 记
Postscript

有的制造业竞争力评价，为政府决策和企业运营提供有效支撑，进而保障国家安全和产业安全，让我不得不去关注制造业竞争力评价的标准本身，即评价指标体系的建立过程和比较过程。这就是本书的出发点。

在综述和深入对比各评价体系的时候，中国社会科学院金碚教授关于产业竞争力评价的观点让我茅塞顿开，他和一些学者认为，传统的基于国际贸易理论的产业竞争力研究，过度侧重比较优势理论和竞争优势理论的应用，反映了各竞争对手实力及其在优胜劣汰的生存搏斗中的现实、有限市场份额的激烈争夺、弱肉强食的策略效应等，产业竞争力评价研究应考虑政府管理立场，注重产业对提高本国人民整体生活水平，服务和应用于社会和经济进步的作用，因此评价应包含更强的福利经济分析乃至价值判断因素。

制造业对福利经济（不仅仅是对本国）的贡献应纳入产业竞争力评价的指标体系中，这在其他的评价体系中是很容易被忽视或被弱化的。以斯密为代表的富国裕民之古典政治经济学的理论可应用于新时期的产业竞争力研究，不仅要关注各经济体国家（或地区）如何促进国际分工、产业互补，更要注重本国（或地区）人民的人均收入和劳动生产率的提高、增进法律法制的完善、人才的可持续发展和社会价值、环境得到更好的保护、减少服务型政府的经济腐败等社会福利的最大化。本书即基于此背景进行了评价指标的实证性研究，不仅顺利得到专家的认可，同时作为"制造强国"项目基础研究的一部分，整体项目报告服务了国家决策。

在对本书背景进行概括之后，我想向给予我关心和帮助的各位师长、课题组同事和同学表达由衷的谢意。

首先衷心感谢我的导师朱高峰院士。从2011年开始，我一直在先生身边工作和学习，多年来聆听教诲，在学识和做人方面耳濡目染、获益颇丰。博士在读期间，感谢朱先生的默默支持、鼓励、鞭策和帮助，针对本书多次沟通交流、悉心指导，感激不尽！书中定有不妥和未尽之处，文责自负的同时亦心怀忐忑，冀不辱朱先生治学风范。

在朱先生的引荐下，构成本书基础的博士论文得到了浙江大学管理学院马庆国教授、叶许红教授的悉心指导。马老师是浙江大学管理科学与工程国家一级重点学科带头人,对该学科前沿的研究方法、学术标准、博士毕业生要求等拥有精确的权威解释。从论文选题修正、框架优化、资料收集、研究方法的基本确立、论文修改等,马老师都提出了许多卓有价值的指导意见,每个工作节点都凝聚着老师无尽的关爱和帮助。马老师广博的知识、一丝不苟的治学态度,更使我受益匪浅。

感谢北京邮电大学曾剑秋教授、王熔雁老师、唐守廉教授、万岩教授、许冠南教授以及上海外国语大学国际工商管理学院潘煜教授等在论文开题、预答辩、漫长的论文修改过程中提供的帮助。唐老师和潘老师在许多具体问题上都给予了热情的帮助并提出了建设性的意见,使我非常受启发,并在我因论文碰到问题而心情低落的时候给予我重新前进的勇气。

感谢中国工程院"制造强国"战略项目课题组和研究团队的每一位成员。从2013年开始,在朱高峰院士、周济院士和屈贤明教授等众多专家的引领下,项目研究取得一系列成果,制造强国评价指标体系和定期发布是其中最重要的成果之一。作为本书基础的博士论文属于产业竞争力评价体系的理论研究部分,偏重于学术性,与制造强国指标分析、测算和发布有紧密的联系又有明确的分界,后者侧重于战略咨询。我作为项目协调人和主执笔人之一,具体工作上两者又密不可分。在此,感谢我们团队的每一位同事:中国机械科学研究总院集团有限公司的吴进军研究员、赵蔷高级工程师、夏鹏工程师、刘云工程师,工业和信息化部电子科学技术情报研究所刘丹高级工程师,中国工程院战略咨询中心古伊莎娜高级工程师,浙江工业大学毛文浩博士等。感谢他们给予我的真知见解、真诚帮助和悉心指导。

在博士论文写作、调研和修改过程中,我得到了原工作单位中国信息通信研究院领导曹淑敏院长、刘多院长、余晓辉院长、王志勤副院长的支持和帮助。在本书写作期间,我得到了工业和信息化部任博同志的帮助,得到了现工作单位上海工程技术大学李江书记、俞涛校长的支持和帮助。感谢我中心的同事和同学的支持,如王秀秀老师、王娟老师、毛智伟老

后记

师、陈俊维同学、许露同学等，正是因为你们不辞辛劳地工作、对部门工作的责任心，让我分出一定的时间修改、补充和优化论文，本书才得以完成，在此深深致谢！感谢清华大学出版社的徐永杰老师悉心指导、无私帮助，使得论文修改符合出版标准规范、论文内容更臻于完善。

最后，当然要感谢我亲爱的家人对我的包容、爱和无尽的支持！

王迪

2024 年 3 月 14 日于上海